Chinese History for Teenagers

少年中国史

积弊丛生的中兴

东汉

佟洵　赵云田·主编

北京理工大学出版社
BEIJING INSTITUTE OF TECHNOLOGY PRESS

版权专有　侵权必究

图书在版编目（CIP）数据

积弊丛生的中兴：东汉 / 佟洵，赵云田主编. —
北京：北京理工大学出版社，2020.6　（2021.2重印）
　ISBN 978 – 7 – 5682 – 8298 – 7

　Ⅰ.①积… Ⅱ.①佟… ②赵… Ⅲ.①中国历史–东
汉时代–少年读物 Ⅳ.①K234.209

中国版本图书馆 CIP 数据核字（2020）第 049872 号

积弊丛生的中兴
东汉

出版发行	/	北京理工大学出版社有限责任公司
社　　址	/	北京市海淀区中关村南大街5号
邮　　编	/	100081
电　　话	/	（010）68914775（总编室）
		（010）82562903（教材售后服务热线）
		（010）68948351（其他图书服务热线）
网　　址	/	http://www.bitpress.com.cn
经　　销	/	全国各地新华书店
印　　刷	/	河北盛世彩捷印刷有限公司
开　　本	/	710 毫米×1000 毫米　　1/16
印　　张	/	14
字　　数	/	236 千字
版　　次	/	2020 年 6 月第 1 版　2021 年 2 月第 6 次印刷
定　　价	/	34.00 元

责任编辑 / 顾学云
文案编辑 / 朱　喜
责任校对 / 周瑞红
责任印制 / 边心超

图书出现印装质量问题，请拨打售后服务热线，本社负责调换

前言

中国人民大学教授　杨益茂

东汉（25年—220年）亦称"后汉"，是中国在王莽"新朝"之后建立的又一个强盛王朝。缔造者刘秀是西汉皇室后裔，他利用民众起义、割据势力并起的时机，于公元25年六月在鄗南千秋亭（今河北柏乡县附近）称帝（光武帝），重建汉朝，不久定都洛阳，史称"东汉"，以别于曾建都长安的"西汉"。

东汉王朝设立伊始，汲取西汉外戚干政、王莽乱政的教训，着力强化中央集权。对开国功臣优礼厚禄，但解其兵权，同时，防止外戚干政。设"尚书台"统领中央政务，直接受命皇帝，加强皇权，提高行政效率。

对地方政权则裁减机构压缩武装。刘秀时期裁减400多县，消减十分之九的吏职，既节省开支，又便于政令畅通。此外，将"州"由区域监察职能转变为高于郡县的地方行政机构，刺史成为统御郡县的长官。

豪强地主势力在西汉时，曾"起坞堡，缮甲兵"为害一方。刘秀建立政权后试图以强力打击或分化，又采用"度田"等方式，掌握土地数字和名籍，增加税收和解散豪族武装，但收效甚微。实际上，豪强地主大田庄继续发展。他们占有广袤的土地、山林和众多奴婢，从事农业、畜牧业和手工业生产，有的还从事商业贸易，甚至有私人武装。依附农则"父子低首，奴事富人，躬帅妻孥，为之服役——历代为虏，犹不赡于衣食。生有终身之勤，死有暴骨之忧"。

东汉王朝初期，曾多次对王莽及地方割据势力属下的奴婢予以释放，又颁诏打击虐待奴婢的行为。田租由"什一之税"改为"三十税一"，提高农民生产积极性。这些措施缓解了社会矛盾，利于社会稳定和经济发展。

东汉时水利建设有所发展。平帝时，黄河决口，泛滥数十县。明帝时，王景与王吴用堰流法修"浚仪渠"。永平十二年（69年），王景等又率几十万人治理黄河、汴渠，使河、汴分流，消除水患，恢复黄泛区耕地。关东、江南及巴蜀地区陂池灌溉工程陆续兴建，水田面积空前发展。提水工具如翻车、渴乌等开始出现。翻车"设机车以引水"，渴乌"为曲筒以气引水"，解决引水灌溉难题。水力舂米的工具——水碓出现，大大提高了谷物加工的能力。

手工业方面，冶铁和铁器制造业扩展较快。铁制兵器基本取代了铜制兵器，铁制农具空前增多。炼铜、铜器及陶瓷制作兴盛，漆器、织锦极为精美，巴蜀地区已经利用火井煮盐。绘画、雕刻盛行，不少砖雕、画像石成为艺术珍品。

教育、学术成就不凡。都城设立太学，各地设立官学，培养士子。儒学受到崇尚，但谶纬之学兴起，道教在形成，佛教加大传播。古文字、文献的整理与研究以及史学、文学、农学、医学及自然科学均有长足发展。许慎的《说文解字》、王充的《论衡》、班固的《汉书》；张衡的《灵宪》，以及制造的"浑天仪""候风地动仪"；东汉成书的《九章算术》；魏伯阳的《周易参同契》，张机（字仲景）的《伤寒杂病论》代表了那个时代学术发展的巅峰；华佗的外科手术技能堪称一绝。

东汉前期，文字载体基本靠竹木简牍或缣帛。但缣帛昂贵，简牍笨重，不适应文化发展与交流。和帝时，宦官蔡伦集中了前人经验，用树皮、麻头、破渔网等造纸，造价低廉，体积轻便，便于文字保存和交流，得到普遍认同和推广。纸不仅是中国的伟大发明，更逐步向周边国家传播，对世界文化的保存与交流做出了极大贡献。

东汉常受乌桓、鲜卑、羌、蛮等周边民族侵袭，合战不定，民族交流与融合不断。威胁较大的是北方匈奴，初期，匈奴不断南侵，后来，南匈奴内附，北匈奴衰落。朝廷相继派班超、班勇父子出使西域，抗击匈奴，使当地众多部落内附。东汉利用"丝绸之路"，与中亚、西亚、南亚各国进行经济、文化交流。海上则开辟航路与印度、东南亚、日本及西方诸国友好往来。

东汉中后期，皇帝几乎都年幼即位，太后临朝。外戚、宦官干政日益猖獗，门阀大族实力大增。以往选拔官员的察举、征辟等制度逐渐成为门阀大族控制和扩充实力的工具，统治集团争斗日益激化。太学生与正直官员反对宦官专权，反而遭到残酷镇压，形成"党锢之祸"。外戚、宦官交替专权，政治黑暗、横征暴敛、土地兼并、灾害频繁。民众难以为生，或为流民，或揭竿而起奋起反抗，并与边地羌人、蛮人的斗争相呼应，规模越来越大，终于爆发黄巾军起义，形成全国性的反抗风潮，瓦解、断送了东汉王朝统治。

目录

少年中国史

东汉

刘秀称帝 / 10

平定关东 / 16

窦融归汉 / 22

得陇望蜀 / 24

集权尚书台 / 28

湖阳公主招婿 / 30

强项令董宣 / 32

光武中兴 / 38

云台二十八将 / 42

杜诗制水排 / 44

马援平交趾 / 48

匈奴分裂 / 52

贤明马皇后 / 54

白马驮经，佛教内传 / 58

沉迷帝王梦的广陵王 / 62

王景治黄河 / 64

定远侯安西域 / 68

耿恭智守孤城 / 74

白虎观会议 / 80

圣人之后，不失斯文 / 82

无神论绝著《论衡》/ 84

窦宪北征 / 86

● 民俗风情画卷——打虎亭汉墓 / 88

和帝夺权亲政 / 90

"科圣"张衡 / 94

许慎与《说文解字》/ 98

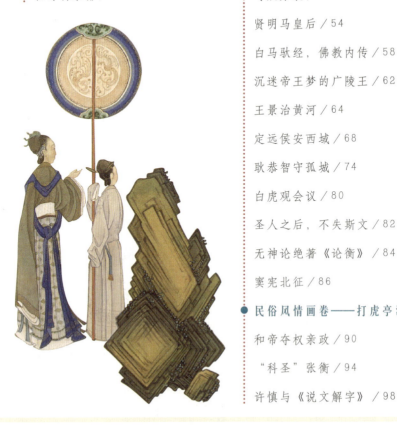

女政治家邓太后/102

大将军邓骘蒙冤/108

蔡伦造纸术问世/110

先零之乱/114

女才子班昭/116

班勇三通西域/120

清白吏杨震/124

宦官政变立顺帝/128

候风地动仪/132

太尉李固入狱/134

跋扈将军梁冀/138

厕所政变/142

党锢之祸/146

承明门事变/150

名士郭泰/156

舍身成义的李膺/160

范滂赴狱/164

凉州三明/168

名动京师的赵壹/172

卖官鬻爵大拍卖/176

鸿都门学创立/178

称雄北方的鲜卑"大人"/182

保境安民的桥玄/186

苍天已死,黄天当立/190

西园八校尉/196

屠夫国舅/198

医圣张仲景/202

《九章算术》/206

东汉时朝廷直辖军队/208

流行的文娱活动/210

● 古诗十九首/216

● 地宫丽城:东汉时的边城与市井生活/220

● 中外大事年表对比/222

东汉

25年—220年

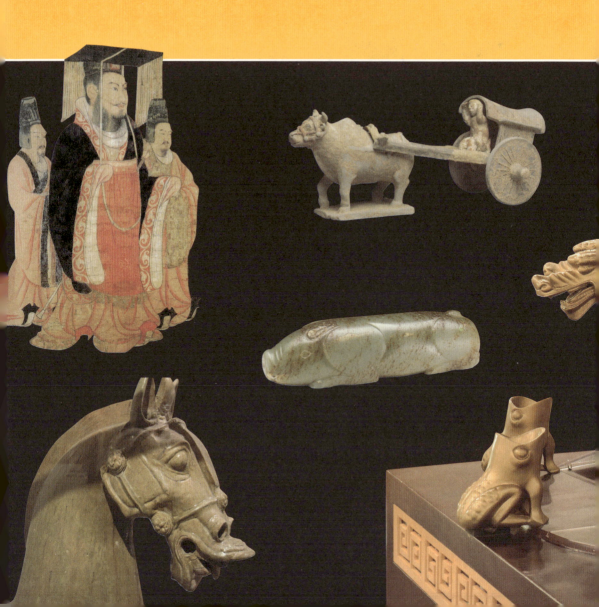

烽烟燎原，黄钟毁弃；英雄出世，大汉重兴
北却匈奴，刻石燕然；文昌武盛，国定民安
纸圣、科圣、医圣、字圣，群星璀璨
名士、良将、廉吏、贤后，朝之拱璧
惜外戚、宦官兴风，一代王朝终淹没在历史的尘烟中……

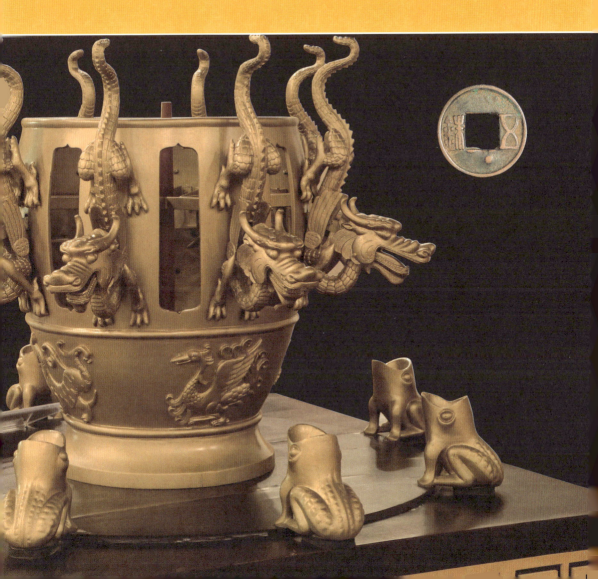

25年

六月己未，即皇帝位。燔燎告天，禋于六宗，望于群神。

——《后汉书·光武帝纪》

刘秀称帝

都说"秀才造反，十年不成"。刘秀却是个例外，读书读得一心一意，造反造得轰轰烈烈，做什么都必能成就一番伟业，连毛泽东都认为他是"最有学问、最会打仗、最会用人的皇帝"。

时间
25年

背景
群雄割据，各自称帝

结果
东汉开国，刘氏皇权重建

首都
洛阳

个人成就
结束了自新莽末年以来近20年的军阀混战与割据局面，开创了被后世推崇为中国历史上"风化最美、儒学最盛"的时代

逸事典故
仕宦当作执金吾，娶妻当得阴丽华

攻灭王郎

为了安抚河北的动荡局势，更始帝刘玄任命刘秀为大司马，带领少数人马去收复河北。刘秀有个好朋友叫邓禹，是南阳新野人，他说："如今山东还没有安定下来，像赤眉军那样占领各处地盘的起义军很多。刘玄是个庸人，自己没什么主意，手下又是些目光短浅的贪婪之辈，成不了大事。依我看，你不如广罗人才，争取人心所向，成就帝王之业。"

这番话说中了刘秀的心事，他将邓禹留下来从长计议，让手下称其为邓将军。冯异看出来二人的想法，对刘秀说："现在百姓们都讨厌战乱，尤其痛恨刘玄手下那些乱打一气的将军。我们应该废除王莽的严苛刑法，派人到各处宣扬汉家恩德，考察官吏，释放受冤屈的囚犯。"

光武帝刘秀像
刘秀（前6年—57年），字文叔，南阳郡蔡阳县（今湖北枣阳）人，东汉王朝开国皇帝，中国历史上著名的政治家、军事家。在位33年，大兴儒学、推崇气节，开创了被后世史家推崇为中国历史上"风化最美、儒学最盛"的时代。

刘秀听了表示赞成，遂派冯异等人去实施，自己先带着一些人马去了邯郸。邯郸有个汉朝宗室子弟叫刘林，他给刘秀出了个主意："赤眉军在黄河东边，只要掘开河堤，把水灌到河东，他们就成了手下败将。"刘秀认为，掘开河堤老百姓也会遭殃，夺取天下不能用这种泯灭人性的办法，于是没有多作理会。

刘林献计无着，便打算自行起兵，他先到一个叫王郎的卜卦先生那里占卜吉凶，没想到，这二人一拍即合。没过几天，王郎冒充汉成帝的儿子刘子舆，刘林负责召集人马，很快便召集起数千人。王郎自称天子，封刘林为丞相，向邻近各郡发出通告，前来响应者不计其数，势力一下子壮大起来。刘林同时还颁出重金，悬赏捉拿刘秀。刘秀势单力薄，暂时还不能与之正面对抗，他听说信都（今河北冀州东北）太守任光与和成（今河北邢台平乡西南）太守邳彤不肯拥护王郎，便前往那里，与二人一起商议怎么对付刘林和王郎。

不久，刘秀以大司马的名义召集了4000精兵。任光派骑兵四处发出通告："王郎冒充刘氏宗室，犯下大逆不道之罪，大司马刘公率百万大军前来讨伐，违抗者绝不饶恕！"王郎的卜卦们心里惶恐不安。

恰好，此时刘玄也派兵前来攻打王郎。两路大军联合起来，一部分围攻巨鹿，其余攻打邯郸，连获胜绩。王郎见大势已去，派出谏议大夫杜威向汉军求降。见到刘秀，杜威强调王郎确实是汉成帝的

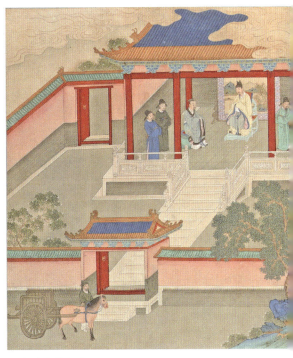

汉光武宾礼故人
出自16世纪《帝鉴图说》。东汉史上记载，刘秀少时曾与严光（字子陵）一起读书，后来刘秀即帝位，严光逃匿不肯见他，刘秀思念他的贤德，使人按他的模样去各处访求。闻说有一男子披着羊裘钓鱼于齐国之泽中，刘秀知道是严光，就备一些礼物遣使者去聘请，一共去了三次，严光才肯来。严光来后，刘秀与他论说往年故旧之情，对他礼数有加，但无论刘秀怎么说，严光都不肯入仕，最终归耕于浙江富春山。

儿子，并提出封其为万户侯。刘秀反驳道："即便成帝自己复生，也得不到那时的天下，何况是冒充成帝儿子的鼠辈，留他一条命就够宽宏大量了！"

汉军大战20多天，终于占领邯郸，杀了王郎，刘林不知所踪。刘秀清点缴获的来往文书，查到数千封各郡县官吏及大户人家私通王郎、攻击自己的信件。为了让那些人安心，他特意在将士面前烧掉了这些信件。

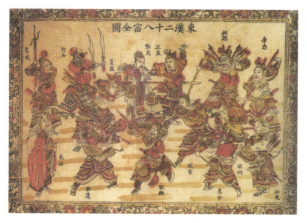

清末年画《东汉二十八宿全图》

"云台二十八将"指的是汉光武帝刘秀麾下助其一统天下、重兴汉室江山的28员功劳最大、能力最强的大将。明帝永平三年（60年），汉明帝刘庄在洛阳南宫云台阁命人画了28将的像，称为"云台二十八将"。范晔《后汉书》为28将立传，称"咸能感会风云，奋其智勇，称为佐命，亦各志能之士也。"

击败朱鲔

刘玄得知王郎被杀的消息，派出使者来到邯郸，封刘秀为萧王，让他解散军队，带领将帅回去领赏，同时命令苗曾、韦顺、蔡充等人到河北担任地方长官。此举明是升职，其实是剥夺刘秀的兵权。刘秀心知肚明，当然不会再受人摆布，遂对使者说："王郎虽然灭了，但河北还没平定，我一时不能动身。"

他不但没有解散军队，还杀掉了刘玄派来的那些拒绝听命的地方长官。接着，刘秀采取各个击破的策略，击败并收编了铜马、高湖、新市等农民起义军，将军队扩充到数十万人。

当身在河内的刘秀正要去平定燕、赵一带，赤眉军与更始帝刘玄的军队起了争斗。赤眉军的领袖樊崇从没有做皇帝的打算，因此率军归顺了刘玄，可是刘玄只给他封了一个挂名的列侯，根本不给20多万赤眉军发饷。于是，樊崇开始向刘玄宣战。

更始二年（24年）春，樊崇率领20万大军向西攻入函谷关。刘秀打算派邓禹去攻打樊崇，可是自己的死对头朱鲔在洛阳。如果对方知道河内空虚，肯定会打过来。邓禹献策说："河内地势险要，必须得选一个文武双全的人驻守，我认为寇恂

寇恂像

寇恂(?—36年)，字子翼，上谷昌平(今北京)人，东汉开国名将，"云台二十八将"第五位。寇恂出身世家大族，原是新朝上谷功曹，后与耿弇一起投奔刘秀，被任命为偏将军、承义侯。此后，寇恂镇守河内，治理颍川、汝南，协助刘秀建立东汉。刘秀称帝后，寇恂任执金吾，封雍奴侯。建武十二年（36年）病逝，谥号威侯。

可以担当重任。"

于是，刘秀请寇恂做河内太守，冯异为孟津将军，共同驻守及防备河内。然后，邓禹带着3万兵马去攻打赤眉军，刘秀则率领大军直奔燕、赵。

寇恂果然不负所托，在河内勤于操练兵马，而且命人制作了100多万支箭，养了2000匹马，征集4万斛军粮备用。刘玄的大将朱鲔听说刘秀不在河内，果然从洛阳发兵进攻，结果被寇恂和冯异的两路大军打得逃回洛阳紧闭城门。寇恂和冯异率领大军耀武扬威地绕着洛阳城走了一圈，朱鲔大骇，从此以后白天都不敢打开城门。

登基称帝

趁着这个机会，将士们劝刘秀登基，刘秀认为时机还未成熟，拒绝了。前锋将军马武进言："虽说虚心

阴后像
阴丽华（5年—64年），南阳郡新野县（今河南新野）人。春秋时期名相管仲后裔，汉明帝刘庄的生母。阴丽华在历史上以美貌著称，刘秀还是一个尚未发迹的没落皇族之时，就十分仰慕阴丽华的美貌，曾感叹道："仕宦当作执金吾，娶妻当得阴丽华。"昆阳之战后，刘秀于宛城迎娶阴丽华为妻，后被封为皇后，死后与刘秀合葬于原陵，谥号"光烈"。

东汉中央官制

东汉成立后，官制基本沿袭了西汉的政治制度，官名改变也不大。东汉时不设丞相（东汉末年曹操任丞相是特例），刺史为一级地方长官，地方军队的职权也受到了极大的削弱。东汉时中央政府的官员分省官、宫官、外官三大系统。在宫廷之中，皇帝日常起居的区域称省中（亦称"禁中"），因此内宫官员中又有宫官与省官的区分。在皇帝身边执役、照顾皇帝日常生活的是宦官，省中的宦者均隶属黄门令管辖。省内的禁卫工作亦由宦官担任。外官主要是三公九卿。

与西汉相比，东汉官制的最大特点就是加强了皇帝权力。虽然依旧是以三公九卿的基本架构，但实际的政治权力完全转移到了尚书台。尚书台是皇帝的秘书机关，其官署设在宫廷之内、禁省之外。它的主要职能是管理章奏文书、起草诏令，代表君主执掌实际政务，权力极大。"尚书台"和六曹机构权力的加强，初具了"三省六部制"的雏形。

退让是一件品德高尚的事,但您就不顾宗庙社稷了吗?现在天下一片混乱,确定下名分才能方便商议征伐大事,否则如何认定谁是主谁是贼?谁应该征伐谁?"

刘秀仍然不肯答应,并叮嘱马武告诉将士们不要再论此事。可是,他没有当皇帝,别的地方却冒出好几个皇帝,其中势力最大的是公孙述。刘秀当初与哥哥刚起义的时候,公孙述已在成都招募了几万兵马,后来还大败刘玄,占据了很大一块地盘,自立为蜀王,附近部族纷纷归附于他。

公孙述的部下要拥护他做皇帝,他认为做皇帝需要天命,非一般人所能担当得起。部下李熊说:"天命又不是非有不可,现在民心都向着大王,您又有做帝王的条件,还有什么可犹豫的呢?"公孙述觉得很有道理,便不再推让,登基当上皇帝,拜李熊为大司徒,公孙光为大司马,公孙恢为大司空。一时间,在关中起兵的豪强纷纷前来归附,聚集起数十万兵力。

公孙述做皇帝的消息一传开,刘秀的部下再也按捺不住,又上前进言:"大汉遭受王莽的祸乱,中断了刘氏的统治,使万民陷入水火之中。虽然更始帝凭宗室资格占据帝位,却不能承继汉朝大业,使得天下盗贼纷起,百姓困苦不堪。如今,论武力没有谁能与您对抗,论文德您更没有辞让的理由。"

将军耿纯说:"将士们背井离乡跟随您在战场上厮杀,原本就是希望能够攀龙附凤实现所愿。现在大功即将告成,您却违背众人意愿,迟迟不肯继位。我担心大家的希望落空后会产生离去的念头,如此后果将不堪设想啊!"

刘秀私下问冯异的意见,冯异说:"刘玄日夜在后宫鬼混,大臣们有事禀告他都懒得出面,派人伪装成自己,坐在帷帐后面下圣旨。大家对刘玄很失望,已经有好几位大臣离开了,将来他肯定会失败。如果别人做了皇帝,那可不是大汉的后继,大汉的宗庙社稷究竟要不要,就看您怎么决定,我认为您应该接受大家的意见。"

建武元年(25年),刘秀于鄗城(今河北高邑)举行了登基大典,并改鄗城为高邑,定为都城,年号建武,同时宣布大赦天下。他派使者带着节杖和诏书到邓禹那里传达旨意,拜其为大司徒。至此,东汉王朝正式建立。

东汉·玉辟邪

辟邪是古代汉族民间传说中的一种神兽,形似狮,头有角,身有翅,具有祈福祛邪的作用。此宫廷辟邪昂首挺立,双翼贴于身侧做蓄势状,颔下长须垂胸,长尾曳地,气宇非凡,是汉代带翼神兽的代表作。现藏于中国台北"故宫博物院"。

东汉·龚心钊旧藏"关内侯"金印

扁柱体,顶部龟形钮,龟首高昂,张鼻怒目,龟背隆起,四肢粗壮做匍匐状,腹下镂空。正方形印面上有两行阴文篆书"关内侯印"四字。关内侯,爵名,战国秦置,多系虚封,无食邑,以赏军功。此印雕刻洗练、传神,金光璀璨,引人注目。汉朝时皇太子、列侯、丞相、大将军的金印上,都以龟为雕饰,称为龟钮。

> 26年—30年
>
> 梁王刘永擅命睢阳，公孙述称王巴蜀，李宪自立为淮南王，秦丰自号楚黎王，张步起琅邪，董宪起东海，延岑起汉中，田戎起夷陵，并置将帅，侵略郡县。
>
> ——《后汉书·光武帝纪》

平定关东

身处中央，四面强手林立，如何才能险中脱困？2000年前的刘秀典范性地打了一场漂亮仗，不仅成功脱险，还将四面强敌逐个击破，成就了东汉王朝的大一统局面。

时间

26年—30年

参战方

朝廷：占据中央的光武帝刘秀

另一方：东部的刘永、董宪、张步、李宪；北部的彭宠；西部的隗嚣、公孙述；南部的秦丰、田戎

策略

对主要方向集中兵力进攻，对次要方向采取守势，对不能立即消灭的对手采取长困久围之术

结果

刘秀逐个消灭四面的割据势力，解除了洛阳的威胁

意义

巩固东汉政权，为夺取陇蜀之地和统一战争取得最后胜利奠定了基础

击灭赤眉

刘秀称帝后，赤眉军兵分两路进攻长安，刘玄派兵抵抗，接连吃了败仗。原绿林军将领王匡、张卬欲发兵强迫刘玄跟他们离开长安回南阳，刘玄事先得到消息，抢先发兵攻打张卬，张卬和王匡只好一起逃走。

这时候，赤眉军已经到达长安城外。樊崇想另外立一个刘姓人做皇帝，便在赤眉军里选中了15岁的牛吏刘盆子，据说他跟皇室血统最近。赤眉军打着刘盆子的旗号征伐刘玄，刚巧遇到逃出来的张卬和王匡，二人赶紧投降，带着赤眉军进了长

冯异像

冯异(？—34年)，字公孙，颍川父城(今河南宝丰东)人，云台二十八将之一，排列第七位。冯异素好读书，精通《左氏春秋》《孙子兵法》。冯异早年为王莽效力，投降刘秀后立下汗马功劳。他作战勇敢，常为先驱，善用谋略，料敌决胜，治军严明，关心民生，东汉创立其功至巨。同时他为人谦退，从不居功自傲，实为一代良将。

安城。刘玄不得不交出玉玺投降,后被封为长沙王。

光武帝正在攻打洛阳,已经将朱鲔困在城内几个月。刘玄的消息传过来,朱鲔内无粮草外无救兵,只好打开城门,率领部下出来投降。光武帝给他封了侯,继续让他做将军,并改洛阳作为都城。因为长安在西边,洛阳在东边,所以后世称光武帝建立的汉朝为东汉,也叫后汉。

占据洛阳以后,光武帝心中最大的忧患就是长安城内的赤眉军,明明派邓禹前去打赤眉军,怎么还没有消息呢?

原来,邓禹知道自己孤军深入,前没有给养,后没有援粮,而长安的赤眉军势头正盛,此时攻打长安,即使能胜,损伤也会很大。他看准长安赤眉军人多粮少,早晚会生变动,因此先率兵攻下上郡、安定、北地三个粮草充足的郡,等长安变的时候再去攻打。

吃尽粮食后,数十万赤眉军只能向西流亡。可是,这支人军一路上非但没有得到粮草,还遭遇暴风雪冻死了不少人马,只好又折回长安。但是,长安已经被邓禹占领,赤眉军不去攻城,在城外挖起汉朝历代帝王和皇后、妃子的墓,抢占陪葬的金银珠宝。邓禹一听大惊失色,连忙派兵阻止,结果打了败仗

二十四孝故事浮雕·拾葚异器
位于山东济南平阴县玛钢公园石博园。蔡顺,字君仲,东汉人,汉代汝南(今属河南)人,以至孝称。自幼丧父,少孤养母,事母甚孝。值王莽之乱时,又遇饥荒,柴米昂贵,只得拾桑葚供母亲充饥。一天,蔡顺偶遇赤眉军,赤眉军士兵问道:"为什么把红色的桑葚和黑色的桑葚分开装在两个箩子里?"他回答说:"黑色的桑葚供老母食用,红色的桑葚留给自己吃。"赤眉军怜悯他的孝心,送给他两斗白米、牛蹄一个,以示敬意。因为要照顾老母亲,蔡顺一直没有出仕为官。

丢了长安城,一路退到高陵,并向光武帝求援。

光武帝召回邓禹,派出冯异率兵攻打长安。临行前,他叮嘱道:"此次出战,首要目的是安定人心,只要赤眉军肯投降,就让他们都回家种地,千万别死拼。"

冯异到了长安,让一些士兵涂红眉毛,混进赤眉军队伍,趁两军对战时假装投降,把赤眉军搅得军心大乱,只剩下十几万的兵力,由樊崇带着向东逃去。

光武帝在东边布置好天罗地网,

将赤眉军团团围住，樊崇只好带着刘盆子交出玉玺，主动求和。光武帝将他们带入洛阳封赐官职，但心里总有些不放心，几个月后，又寻了个由头以谋反的罪名将樊崇杀死。就这样，他成功降服了推翻新朝的两支最大起义军。

扫平关东

光武帝登位之初，全国处于群雄割据、各霸一方的局面。当时，关东的主要势力东有青州(今山东淄博东北)张步、东海(今山东郯城)董宪、梁国(今河南睢阳南)刘永和庐江(今安徽庐江西南)李宪；南有南郡(今湖北荆州)秦丰、夷陵(今湖北宜昌东南)田戎；北有渔阳(今北京密云西)彭宠等。

光武帝决定派兵先消灭关东群雄，然后联陇制蜀逐个击破。建武三年(27年)春，虎牙大将军盖延率领5万大军围困梁国，几个月后梁国被破，刘永逃走。第二年，刘永又潜回梁国率军造反，结果再次被汉军包围，后来在突围中被杀。

同年冬天，刘秀派征南将军岑彭击败了秦丰，田戎自知不敌，想要投降，部下辛臣坚决反对。他指着地图说："刘秀不过占据了小小的洛阳，天下大局尚未可定，不如暂时按兵不动以观变化。"但是，田戎主意已定，辛臣只好闭口不言。

为了表示诚意，田戎亲自去与岑彭商议投降事宜，命辛臣在夷陵留守。田戎刚走，辛臣便假传命令，将田戎多

汉朝二祖对比

汉高祖刘邦	汉世祖刘秀
农民，不喜农事，秦时任沛县泗水亭长	平民，勤于农事，后到长安学习《尚书》
性格豪爽侠气，豁达大度，识人能用	性格宽厚仁智，文武双全
因释放刑徒而亡匿于芒砀山中，后起兵	新莽天凤年间天下大乱后，起兵于南阳郡
推翻秦朝、消灭项羽，建立西汉	剪灭群雄、统一全国，建立东汉
政治上，强化皇权，分封同姓王，清理异姓王，经济上，减轻徭役，重农抑商，恢复经济，思想上以儒家教化为主，法家刑罚为辅，为后世"文景之治"和汉武帝反击匈奴奠定了基础	政治上，改革官制，整饬官风，精简机构，优待功臣；经济上，休养生息，发展经济，文化上，大兴儒学、推崇气节，开创的"光武中兴"被司马光和梁启超赞为中国历史上"风化最美、儒学最盛"
汉文化和汉民族的开拓者之一	恢复和发展了大汉文化

东汉·持镜女跪俑

1963年出土于成都市郫县（今郫都区）宋家林东汉砖墓，现藏于四川博物院。黄灰陶，跪坐状，束发，配两朵头花；脸部圆润，眉目清秀，面带笑容；左手持一圆镜于胸前，右手放于右膝，食指与中指戴指环；深衣大袖，袍着朱红色。形象逼真，清晰再现了东汉时的侍女生活。

东汉建筑和室内用具

秦汉时，在建筑方面，有了新的进展。当时代表建筑最高水平的是宫殿，秦有阿房宫，西汉有长乐宫和未央宫。刘秀称帝后，在都城洛阳修建了南宫和北宫。北宫中的德阳以工代赈，据记载能容万人，殿前的朱雀阙之高，40多里外可以望见。

东汉时，楼房大量出现，从出土的陶楼模型可以看出，不但楼层有五层，而且各层之间的楼梯还有扶手。望柱之上也多加装饰。楼房与附属建筑即可组成城堡。从同时期的画像石上可以看出，这一时期的庭院，有厨房、水井和晒衣架，粮仓与牲畜圈样样都有。

室内人们坐卧皆用席，多人同席，尊者有专席。座席也有一定的规定，帝王以坐北面南最尊，其他人则以坐西面东为尊，然后是北向，西向最卑。

类如今天"马扎"的"胡床"可以折叠，方形榻上铺坐垫，几案使用很普通。香炉成为家庭必备之物，灯具多样，技术精巧。

年珍藏的珠宝拿到手中。辛臣本是田戎妻子的哥哥，所以没有人起疑。然后，他抄近道一路狂奔，抢先一步到达岑彭那里投降，而后又以先降有功者的口吻给田戎写了一封劝降信，劝其应当及早归顺。看到劝降信，气愤的田戎打消了投降的念头，开始起兵反叛。岑彭率兵痛击，结果田戎兵败。

建武四年（28年），光武帝派马成围攻庐江，此战大胜，李宪逃走。第二年，光武帝又亲自率军进攻东海，董宪落败，逃至朐县(今江苏连云港西)一带。同年，光武帝再次命令耿弇率军攻打青州。张步派费邑守护济南(今山东济南西北)。耿弇采取围城缓攻的战术，在巨里(今山东章丘西)设下包围圈，伏击了费邑的军队。接着，他又采取声东击西的战术，扬言五日后将进攻西安(今山东淄博东北)，实际上却突袭青州，不到半日便取得胜绩。张步率领20万主力军与汉军对战，结果连连败退，最后只得率领10万多残军弃械投降。

建武五年（29年），彭宠在蓟县被部属杀死。次年年初，庐江李宪被杀，至此，关东的割据势力逐一被光武帝全部消灭。

汉光武夜分讲经

出自16世纪《帝鉴图说》。描绘的是汉光武帝在位时，常常下朝后引公卿及郎将之有经学者，与他讨论经书中的义理，听到夜半方去歇息的故事。皇太子怕他过于劳累，损伤身体，劝他注意休息。他说，经书中的伦理和义趣非常吸引他，他与群臣讲起来不知道疲倦。后人认为正是因为光武帝的这种求知精神，才为东汉奠定了两百年的基业。

32年

汉兵长驱入关,王邑荐融,拜为波水将军,赐黄金千斤,引兵至新丰。

——《后汉书·窦融列传》

窦融归汉

一个真正的聪明人,能于乱世之中看到大局,并能依据形势做出正确的选择。窦融,以一己之力把偏远荒凉的河西之地经营得富足丰饶,面对更强者的出世,他明智地说服众人,归顺东汉,放弃眼前的利益换来了长远的安宁。

主要官职
凉州牧、大司空

背景
刘玄兵败后被推行河西五郡大将军事,驻守河西,据境自保

主要成就
经营河西,从破隗嚣

代表作品
《上疏让爵土》《与隗嚣书》

爵位
安丰侯

晚景受责
子孙放纵胡为,多有不法,晚年时受子孙牵连被责

协力共守,安定河西

窦融(前16年—62年)的七世祖窦广国是西汉孝文窦皇后的弟弟,曾被封为章武侯,但到了窦融高祖父那一代,只做了个二千石的小官。窦融曾在王莽新朝担任强弩将军王俊的司马,因屡建军功被封为建武男。王莽失败后,他率领大军投奔更始大司马赵萌,在赵萌的器重之下成为巨鹿太守。

窦融看出更始帝刘玄没有治理国家的才能,天下局势也动荡不安,因此不想出关。他对手下弟兄们说:"如今天下尚未太平,我想与大家去河西富饶之地。那边的张掖属国拥有精兵万骑,一旦发生紧急事变,以黄河渡口自守便足够抵挡,实在是一个能令我们后代安居乐业的好地方啊!"

大司空安丰侯窦融像
窦融(前16年—62年),字周公,扶风平陵(今陕西咸阳西北)人,云台三十二将之一。新莽末年,窦融曾随王匡镇压绿林、赤眉军,后归刘玄,刘玄败后,据境自保。光武帝即位,窦融遂决策归汉,授职凉州牧,从破隗嚣,封安丰侯,晚年因家族子弟放纵不法而遭到责让。

大家纷纷同意去河西。窦融遂向赵萌辞去巨鹿太守的职位,申请去河西。更始帝封他为张掖属国都尉,准许他带着家人和属下去西北上任。窦融到了张掖,广交当地豪杰,与少数民族和睦相处,没过多久就得到当地民众的拥护。更始帝刘玄落败以后,窦融与酒泉太守梁统等人商量道:"如今天下扰乱,咱们河西处于羌胡中间,大家若不同心协力便难以自守,我建议推举一个人为大将军,号召大家合力共保五郡安全。"众人非常敬重窦融,一致推选他担任河西五郡的大将军。河西地区素来民风淳朴,再加上窦融的管理宽和利民,河西变得越来越安定、富裕。平日里,兵士们练习骑马射箭,防卫毫不松懈。每次遇到羌胡侵犯边塞,窦融都能率军与诸郡兵力及时赶到,将侵略者击败。渐渐地,河西以外的难民纷纷前来投靠,窦融的名声越来越响。

使者巧遇,诚心归汉

光武帝重建大汉的消息传到河西以后,窦融有心归附,可因路途遥远,需要从长计议。雄踞陇西一带的隗嚣派辩士雍率到河西游说他,劝他自立为王。窦融召集众人商议。有的人说:"大汉继承了尧帝的宗统,即使不讲天命,以人来论事,如今天下称帝的有数人,地域最广、兵力最强、号令最明的就是洛阳的刘秀,其他人应该是敌不过他的!"有赞成的,有反对的,窦融思索再三,最后决定向刘秀投诚。

建武五年(29年),窦融派遣长史刘钧携带书信和马匹前往洛阳拜见光武帝。刘秀也听说河西安定富裕,地接陇、蜀,想联合窦融一起收服隗嚣和公孙述,于是派出使者带着信件去见窦融。巧的是,使者在路上遇到前来的刘钧,二人便一同返回洛阳。

光武帝见到刘钧非常高兴,亲自写了诚意十足的玺书,又赐给窦融100千克黄金,授拜窦融为凉州牧。在玺书中,光武帝详细分析了眼下局势。窦融立即派遣同母兄弟窦友去洛阳上书,表达自己归汉的诚心。当窦友走到高平时,遇到隗嚣反叛,阻绝了前路,只得中途返回,另派司马席封从小道前往洛阳呈上书信。窦融又写信谴责隗嚣不识大体,出尔反尔,陷百姓于水火之中。希望他能改变思想,多为在洛阳当质子的儿子考虑,以众人安危为己任。

隗嚣毫不理会,窦融接到光武帝允许向隗嚣进军的诏书,立即率兵进入金城,斩首千余级,得牛马羊上万头,谷物数万斛,然后等待光武帝的到来。

建武八年(32年)夏,光武帝亲自率兵西征隗嚣,他与窦融率领的数万步兵、骑兵在高平第一城会帅。在此之前,窦融特意学习了面见君主的礼仪,光武帝得知后很高兴,立刻大摆酒宴,向群臣引荐窦融及其弟,并拜窦友为奉车都尉,窦士为太中大夫。随后,光武帝与窦融共同进军,很快,隗嚣各部溃不成军,所有城邑全部归降大汉。

32年—36年

人苦不知足，既得陇，复望蜀，每一发兵，头鬓为白。

——《后汉书·岑彭传》

得陇望蜀

平定关东之后，占据中原的刘秀，与西北的隗嚣、西南的公孙述形成了三足鼎立之势。孰弱孰强？孰进孰退？一番较量下来，只有刘秀得陇望蜀，达成所愿。

时间
32年—36年

参战方
第一方：光武帝刘秀；
第二方：据守陇西的隗嚣；
第三方：据守西蜀的公孙述

战略方针
由近及远、各个击破

战斗结果
隗嚣被围城中因病去世；
公孙述身受重伤不治而亡；
刘秀如愿收复陇蜀之地

后世典故
得陇望蜀

伏波将军马援雕像
位于广西桂林伏波山。马援初为陇右军阀隗嚣的属下，归顺刘秀后为其统一天下立下战功，后西破羌人，南征交趾，官至伏波将军，因功封新息侯，被人尊称为"马伏波"。

两方考察

王莽末年，隗嚣占据陇西一带，自称西州上将军。当时，关中百姓为躲避战乱，很多人逃到陇西，隗嚣礼贤下士，拉拢了一些有志之士，绥德将军马援就是其中之一。隗嚣非常器重马援，大事小事都同他商量。

刘秀称帝后，公孙述也在成都称帝，二人都在争取隗嚣归附自己。隗嚣一时委决不下，便派马援先去考察一番。马援与公孙述是同乡，曾有过朋友的交情，他以为旧友重逢，能够彼此畅谈。没想到，公孙述以君臣之礼召见马援，表面上热情招待，实际却处处设防。马援回去对隗嚣说："公孙述乃井底之蛙，妄自尊大，我们还是一心一意归附洛阳吧。"

于是，隗嚣又派马援去洛阳考察。光武帝穿着便衣，笑容满面地在宫内迎接马援，并说："您这么辛苦地在两个君主之

间奔波，真令我觉得过意不去。"马援磕头感谢说："天下尚未安定，不但君主挑选臣下，臣下也要择明主啊！臣与公孙述曾为好友，臣去成都，他处处设防，如临大敌，仿佛我是刺客。而臣与皇上素不相识又远道而来，皇上这样毫无防备地接见我，不担心我是刺客吗？"

光武帝笑着说："你不是刺客，是说客，对说客需要防备什么呢？"马援回答："如今天下动荡，称王称帝的人不少。今天见到皇上的豪爽大度，如

重庆奉节白帝庙

白帝庙位于四川重庆奉节白帝山山巅上，建武元年（25年），公孙述（？—36年）称帝于蜀，国号成家，因其自称"白帝"而名。建武十一年（35年），公孙述政权为刘秀所灭。后人在白帝城中的白帝山上修筑庙宇，供奉公孙述像，称为"白帝庙"。直到明嘉靖十二年（1533年），巡抚朱廷立和按察司副史张俭，鉴于三国时蜀主刘备在白帝城托孤的故事在民间广为流传，在庙内改祀刘备、诸葛亮，后又在庙内添加关羽、张飞像，奠定了白帝庙内祀刘先帝的格局。

同当年的汉高祖，可见帝王是冒充不得的。"

光武帝派来歙送马援回去，来歙

出隗嚣的言外之意是想代替刘姓做皇帝，就劝他不要跟光武帝争夺天下。之后，班彪还专门写了一篇文章进行规劝，可是隗嚣根本听不进去，班彪只得寻个机会辞去职务，离开陇西，去见河西的窦融。窦融审时度势，归汉后被封为凉州牧。

就这样，隗嚣无形中加强了对手的力量，把陇西置于危险之境。

一举征伐

光武帝安定了河西，再派来歙去见隗嚣，请他一起征讨西蜀的公孙述。隗嚣担心西蜀被攻破，陇西会更加势单力孤，便拒绝了："我得时刻防备着北方的匈奴，哪里有多余的兵力攻打西蜀啊。"为了表达自己的诚意，他派儿子跟来歙到洛阳做了质子，同行的还有马援全家。

建武六年（30年），光武帝分别给隗嚣和公孙述送去一封信，要求他们归附大汉。公孙述非但不理会，而且还挑衅似的发兵进攻南郡。光武帝想试探隗嚣的诚心，请他一起去攻打蜀地，隗嚣却并不想出兵。

光武帝看穿隗嚣的意图，准备亲自发兵向成都进攻。隗嚣得知后决定先下手为强，遂派兵占领陇山底下的几个城，准备进攻关中。可是，他很快就被征西大将军冯异打得大败而逃。

马援"铜马"（模型）

马援好骑马，也善于鉴别名马。征交趾时，马援获得了骆越地方的铜鼓，把它铸成骏马的模型，回朝后献给光武帝。同时，为了使他学的相马骨法能传于后世，他在表章中要求把数家骨法集中在一个模型上作为人们相马时的依据。马高三尺四寸，围四尺五寸。光武帝就将此马放在宣德殿下，作为名马的标准。

劝隗嚣到洛阳拜见光武帝，隗嚣当下转移了话题。来歙走了以后，隗嚣召来班彪，与他谈起秦汉兴亡的历史。班彪听

注定的战争

隗嚣曾派使者周游前往长安，孰料周游被仇家杀死。后来，光武帝派遣卫尉铫期带着礼物去赏赐隗嚣，结果又被拦路的盗贼劫走礼物。光武帝听说此事，长叹一声："他派来的使者被杀，我送去的礼物被抢。这不是个好兆头，看来我和隗嚣之间的事成不了。"

隗嚣

> 新都灭炎精，四海方悲叹。
> 隗嚣起秦陇，借名图复汉。
> 豪杰多景从，生民惧涂炭。
> 南阳帝业新，群雄俱解散。
> 西州独阻险，偃蹇成僭叛。
> 么麽不自量，神器岂容滥。
> 伏波始识真，东庑白愤岸。
> 聚米导先驱，仓黄西域窜。
> 何不效窦融，归朝膺显官。
> ——明·郑岳

马援听说了隗嚣的行为，写信责备他出尔反尔，劝他及早收手，赶紧归附光武帝。隗嚣却立即调度人马，打算再与汉军交战。马援只好带着5000名骑兵，在隗嚣的军队中来回穿梭，动员将士们归附汉朝。眼看支持自己的人越来越少，隗嚣索性降了公孙述。公孙述不但封他为王，还派兵帮他对抗汉军。

建武八年（32年），光武帝亲自带兵征伐隗嚣，大将岑彭随驾西征，凉州牧窦融率领数万大军与其会合，两路大军没费什么力气就取得了胜利。隗嚣带着家人逃到西城（今甘肃天水南），公孙述派来的救兵逃到上邽（今甘肃天水西南）。光武帝派军将两城团团围住，并给隗嚣送信动员他投降，以保父子团聚。隗嚣不为所动，光武帝一怒之下，杀了他在大汉做质子的儿子，并命令将士不破不归，然后带着贴身护卫返回洛阳。

在回去的路上，光武帝给围攻西城和上邽的岑彭写了一封书信。他在信上说："攻下这两座城以后，你率领兵马立即去征伐蜀地。人总是不知足，我的贪心就在于'得陇望蜀'。每次发兵，我的须发都会白一些，可如果不这样做，天下何时才能统一呢？"

隗嚣被困在城里忧郁成疾，没过多久就病逝了，他的儿子隗纯继位为王，继续抵抗汉军。建武十年（34年），隗纯终于放弃抵抗，向汉军投降。

陇西平定后，光武帝集中兵力对付公孙述。建武十一年（35年），汉军大举进攻成都，公孙述身受重伤不治而死，他手下的将领献出了成都向汉军投降。光武帝既得到了陇，又得到了蜀，统一中原的心愿总算是基本实现了。

东汉·马踏飞燕

又称铜奔马，1969年出土于甘肃省武威市凉州区雷台汉墓，现藏甘肃省博物馆。马昂首嘶鸣，躯干壮实，凌空飞驰，三足腾空，一足踏在飞燕上，似要借其之力跃升更高。此器为中国古代高超铸造业的象征。

> ▶ 东汉初年

帝方以吏士责三公,故功臣并不用。

——《后汉书·贾复传》

集权尚书台

长安求学时,不过是一吟诗作赋的文弱书生;攻城掠地时,变身运筹帷幄的将军。天下初定,万事待兴,要保证胜利的果实,实现自己的治国理念,君权的稳固至关重要。深谙此道的刘秀,又显示了一个政治家的成熟与智慧。

别称
中台、台阁、台省

目的
加强皇权

措施
削夺功臣的兵权,限制三公的职权,由尚书台官员统管军政、吏治、司法等事务

弊端
为东汉后期外戚、宦官挟主专权留下祸患

汉尚书令印印文

东汉刚建立政权时,为了奖励臣下,光武帝刘秀给予了开国功臣们各种利禄。建武二年(26年),他封赏邓禹、吴汉等人为列侯,食四县之地,其余有功之士无不封赏,受封总人数达217人。此后,他又进行过两次大封赏,其间进行的小封赏更是不计其数。

统一中原以后,光武帝开始实施各项强化皇权的举措。如何将政权掌控在自己手中,削弱他人手中的权力,以免逆臣或外戚等人篡权,是他巩固朝政的首要问题。

首先,光武帝将功臣妥善安排,供以丰厚的俸禄,除边将外多在京城以列侯奉朝请,但不给予实权实职,削夺兵权。当时,只有邓禹、李通、贾复等少数人能与公卿参议大政,改变了西汉初年由功臣在朝秉政的情况。同时,吸取西汉灭亡的教训,严格限制外戚权势,禁止诸王蓄养宾客。

接着,他下令精简地方机构,废除地方兵权,取消地方的材官(步兵)、骑士(骑兵)、楼船(水兵),让他们一律退伍还乡,从事农业生产。如果发生重大事件,由朝廷直接控制的南北军出兵。除洛阳和京畿地区外,其他十二州每州

儿童骑竹迎郭伋

郭伋（前39年—47年），字细侯，扶风茂陵（今陕西西安西郊）人，光武帝时第一任尚书令之一。此图描绘了他守信于孩童的故事。他任并州牧（一说太守）巡行西河时，有几百个儿童骑着竹马在道旁拜迎他，并问他什么时候能回来，郭伋计算好日期后告诉了他们。郭伋归来时，提前了一天，他就歇宿在野外的亭子中，等到第二天才进城。

各任一位刺史，遵旨巡行郡国，强化朝廷对地方的监督与控制。

对于朝廷官员，光武帝令太尉、司徒、司空三司各负其责，相互之间不许逾越。与此同时，他还采用重用内朝官员的办法，加重尚书的职权，扩大尚书机构，称其为"尚书台"，并将尚书变为政务官，掌管全国政事，直接对皇帝负责。

虽然尚书台权势很大，负责起草发布皇帝诏令，有搜捕和诛罚之权，主管朝臣选举，拥有纠察、举劾、典案百官之权，参预国家重大政事的谋议和决策，但是官职地位并不高，尚书令的俸禄是1000石，尚书仆射和六曹尚书的俸禄才600石，仅相当于中级官员。

此外，光武帝还在宫内设置中常侍、黄门侍郎、小黄门、中黄门等宦官职务，由他们传达皇帝的号令和诏书，先行阅览尚书进呈的文书。于是，三公有职无权，尚书权高位低，所有朝廷大权均集于皇帝一身。但宦官进入权力中心，导致了后期他们与外戚挟主专权，这应该是光武帝未曾料到的。

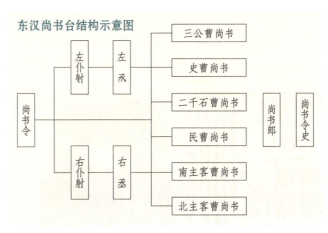

东汉尚书台结构示意图

26年

建武二年，封黄为湖阳长公主，伯姬为宁平长公主。

——《后汉书·宗室四王三侯列传》

湖阳公主招婿

身为皇帝的姐姐，有着享不尽的荣华富贵，穿不完的绫罗绸缎，却偏偏成就不了一段如意姻缘。湖阳公主刘黄的满腔情愫无处着落，最后只能伴随青灯古影一点一点化成了灰烬。

时间
26年

事件
新寡的湖阳公主看上了大臣宋弘，光武帝刘秀亲自保媒，被宋弘婉拒

结果
湖阳公主皈依道门，在封地"炼真宫"修真

逸事典故
贫贱之交不可忘，糟糠之妻不下堂

当初刘秀起兵一路向东北时，第一个攻取的地方就是湖阳（今河南唐河湖阳镇），他在那里招揽了大批人才，"云台二十八将"中的杜茂、马武、岑彭、坚镡等人都是湖阳人，刘秀对他们格外青睐。

建武二年（26年），刘秀封大姐刘黄为湖阳公主，封邑在湖阳。作为家中的长女，刘黄从小经历家道衰落与世态炎凉。父亲去世后，她既要帮助母亲料理家务，又要照顾年幼的弟妹，其中心酸与辛苦自不必说。被封为公主的时候，刘黄已经42岁，夫君胡珍没过多久就病故了。

刘秀将姐姐接进宫中小住，有心为她选一门夫婿。他假装跟大姐讨论朝廷里的那些大臣，聊到宋弘时，刘黄有些羞涩地说："听说大司空宋弘的相貌和人品都不错，朝廷内无人能及。"

刘秀知道姐姐对宋弘有好感，一心想促成这桩亲事，不过他也知道这件事不大好办。虽然宋弘性格温和，但他并不是一个贪图富贵的人，连自己受封得到的地租、俸禄都分给了族人。

东汉建立后，刘秀听说宋弘高风亮节，做官清廉，

汉时封倭奴国王的金印和印文

拜他为太中大夫、大司空,受封爵位枸邑侯,后来改封为宣平侯。

有一次,刘秀问宋弘当世谁的学识最渊博?宋弘推荐沛国人桓谭。刘秀将其召来,任命桓谭为议郎、给事中,然而并没有让他参与政事,只在宫廷宴席上弹琴鼓瑟。宋弘私下找个机会指责桓谭:"我将你举荐给皇上,是希望你施展才能辅助皇上治理国家,而不是为了给宴会助兴!"桓谭谢罪之后许久才敢离去。

后来刘秀再让桓谭弹琴助兴时,桓谭看了看宋弘沉默不语。刘秀问其原因,宋弘不卑不亢地回答说:"微臣举荐桓谭,是希望他能为皇上辅国安邦,没想到他却令皇上沉浸于靡靡之音,这实在是微臣举人不当。"从那以后,刘秀再也没有让桓谭弹过琴。

面对这样一位刚正不阿的大臣,刘秀心里也没底。他将宋弘召到内宫,让湖阳公主藏在屏风后面。刘秀先是与宋弘东拉西扯地说了很多题外话,好不容易才找机会问道:"有句谚语说,身贵以后要另交朋友,家富以后要另娶妻子,你觉得这是人之常情吗?"

宋弘对湖阳公主的事情略有耳闻,但装作什么都不知道,回答道:"微臣也听说过'贫贱之交不可忘,糟

方城炼真宫
东汉光武帝为湖阳公主所建造的唯一一座皇家修道宫城。据《后汉书》记载,建武二年(26年),光武帝封长姊黄为湖阳公主,因适骑都尉胡珍卒而新寡,光武帝怜其寡寂,欲助湖阳公主嫁与宋弘,不料被宋弘婉言拒绝,光武帝遂建宫城一座,供湖阳公主潜心清修。湖阳公主在此守节清修,终老于此。

糠之妻不下堂'这句谚语,微臣更认为这才是人之常情啊!"

如此直言令刘秀大为尴尬,一时竟忘了场合,回头对着屏风大声说:"看来这事不能成了!"湖阳公主羞愧不已,掩面跑了出去。

中年守寡,又遭到心仪对象的拒绝,湖阳公主心灰意冷。她奏请刘秀为其守节修真,要出家做道姑。刘秀开始不同意,可湖阳公主心意已决。于是,刘秀只好在湖阳公主封地的西北部方城境内,建造了一座"炼真宫"道观,让她在那里安心诵经修真。

> **东汉初年**
>
> 及主出行,而以奴骖乘,宣于夏门亭候之,乃驻车叩马,以刀画地,大言数主之失,叱奴下车,因格杀之。
>
> ——《后汉书·酷吏列传》

强项令董宣

京畿重地,权贵如云;卧虎一出,胆战心惊。酷吏?廉吏?在董宣的身上,这两者完美地结合在了一起。打造这一形象的是一颗以法治国、无私无畏的心。

主要官职
北海相、江夏太守、洛阳令

行事风格
秉公执法,法明令行;
不事权贵,不畏强暴

主要成就
惩治豪族

历史标签
酷吏、廉吏

绰号
强项令、卧虎

董宣印

"请公主交出杀人犯!"

董宣,生卒年不详,字少平,陈留郡国(今河南省杞县南)人,因学识渊博,为人刚正不阿,不畏权势,受到大司徒侯霸的赏识,被推荐给光武帝。身为伯乐的侯霸,一生经历西汉、新朝与东汉三个时期,无论在哪朝任职,都能做到明察事理,奉公无私,虽家财丰厚,却从不视财如命。受其影响,董宣做官的政绩也非常显著,在升为北海(汉代诸侯国,今山东昌乐县西)相以后,因秉公执法受到光武帝的格外注意。

东汉初年,皇亲国戚、功臣显贵都住在洛阳,有些人的子弟和奴仆倚仗权势,平日里作威作福极度嚣张,朝廷换了几任洛阳令都无力管治。后来,光武帝决定将69岁的董宣升为洛阳令。在董宣的严格吏治下,洛阳的局面终于得到了控制。

董宣上任后遇到的第一件棘手事,就是处理湖阳公主家奴在白天行凶杀人的案件。光武帝刘秀平时很敬重大姐刘黄,特意将自己喜欢的湖阳封赐给她,还将她接到洛阳居住。刘黄的家奴杀人后,躲进湖阳公主的宅院里,任凭官吏上门,公主拒不交

东汉·五铢

建武十六年（40年）光武帝采纳马援的建议铸五铢钱，史称东汉五铢或建武五铢。边郭较窄，形制较规整，钱文端正，"五"字交笔弯曲，"铢"字头圆折，中竖两头变细。

人。官吏们不能大肆搜捕,只能无可奈何地望着公主府邸的高墙。

董宣断定既然有公主撑腰,凶犯早晚会出来招摇过市,于是派人潜伏在公主府的大门外,只等凶犯露面立即报告。果然不出所料,这一天终于等到了,湖阳公主外出,为她驾车的正是凶犯,潜伏多日的小吏赶紧奔去禀告。

董宣带着衙役守在湖阳公主必经的路口,拦住她的车队,那个杀人的家奴趾高气扬地坐在马车上,根本没把来人放在眼里。董宣大声喝道:"光天化日之下行凶杀人,还敢如此目中无人,快快下来叩头伏法!"

凶犯面带冷笑,转头禀告坐在马车内的公主。湖阳公主怒气冲冲地打

汉·青铜六博人像

秦汉时期,六博棋十分流行,善博的人在社会上享有较高的地位并受到人们的尊敬,朝廷里甚至设有博侍诏官,社会上还出现了专门研究博术的人和著作。这组铜俑非常传神地表现了四个玩六博棋的人因胜负而引起的得意或沮丧的神态。四人表情各异,姿态不同,或仰头大笑,或低头沮丧;或伸臂扬手,或挂地塌肩。这组铜俑形体轮廓简约洗练,面部表情生动丰富,惟妙惟肖,具有高度的艺术概括力和极强的感染力,是汉代青铜雕塑的珍品。现藏于美国大都会艺术博物馆。

开车帘,厉声问道:"你有几个脑袋敢拦我的马车?胆子也太大了!"凶犯听了得意地举起马鞭,吆喝一声就要离开。

"洛阳令董宣请公主交出杀人犯!"说罢,董宣拔出佩剑,在路上画出一道线,用剑尖指着凶犯道:"若胆

洛阳令

湖阳公主帝所敬,苍头倚势恣强横,白昼杀人吏不问,执法却有洛阳令。上怒董宣曰母,触楹流血非狂愚,汉黯之戆夫何殊,文叔昔日多雄风,此头可折不可叩,威不行令徒尊棠。上笑谓主非所喻,天子不与白衣同,恢廓大度中兴汉,得则多矣失亦半。谓不宜诛董岂宜,何用赐钱三十万。君不见同时尚有韩司徒,指天画地言粗疏,赐钱礼葬胡为乎。

——清·弘历

廉吏董宣

洛阳是东汉的国都,洛阳令属于身居要职的高官,董宣出任洛阳令期间,两袖清风,刚正不阿。据史书记载,他去世时"唯见布被覆尸,妻子对哭,有大麦数斛,敝车一乘",光武帝闻之慨叹道:"董宣廉洁,死乃知之。"

辎车示意图
古代一种有帷盖的大车,既可载物,又可作卧车。

敢越过这道线,斩立决!"说完,他上前两步质问公主:"公主身为皇亲国戚,放纵家奴杀人,实属不该;将凶犯藏匿府中,拒不交出,乃错上加错!王子犯法与民同罪,何况区区一个家奴?"说完,他指挥衙役一拥而上,将那个杀人的凶犯从车上拖下来乱刀砍死!围观的人们挤得水泄不通,在一旁纷纷叫好。

湖阳公主没想到董宣如此雷厉风行,当场惊得目瞪口呆。好一会儿才回过神,哭哭啼啼地去找光武帝告状。

"脖子可真够硬的"

光武帝听湖阳公主哭诉了事情经

东汉·乐浪郡出土彩箧
乐浪是汉代诸郡之一,位于今朝鲜平壤附近。"彩箧"是一件用细竹篾编织的篮箧,在箧的外缘四周,用彩色漆画有古代帝王和孝子故事,共绘有94个或立或坐神态生动的人物。每个人物的高度只有四五厘米,然而每个人物的面部表情,眉眼的顾盼,手势的姿态,均描画生动。整体色泽质朴古雅,风格富丽。这件漆画彩箧是汉代著名漆画艺术代表作。

> 湖阳公主国懿亲，
> 白日故纵奴杀人。
> 臣为赤县清辇尘，
> 杀人者死法用伸。
> 奔车入奏主勿嗔，
> 主欺国法非欺民，
> 民可滥杀焉用臣，
> 臣如有罪死枫宸。
> 臣如无罪何屈身，
> 当时回天力万钧。
> 震慑贵威动九垠，
> 生为郎官死匀陈。
> 忠心获报神必灵，
> 宜其庙貌高麒麟。
> ——明·唐文凤

董宣庙

过，立即召董宣进殿，想杀掉这个目无君主、藐视皇族的狂妄之徒。

董宣来到大殿，见光武帝一副盛怒模样，以及立在两旁的棍棒手，便知自己在劫难逃。他没有害怕，主动伏在地上，一边叩头一边请求道："微臣请求说一句话再死。"

光武帝问："你死到临头，还有什么话要说？"董宣高声说道："皇上以圣德重振大汉。现在湖阳公主的家奴滥杀无辜，如果不严惩，将以何治理天下？天下人又该如何看待皇上？微臣不劳皇上下令，现在就以死明志！"说完，他一头撞向殿前的石柱，顿时血流满面。

光武帝急忙叫左右拉住董宣，说死罪可免，但当众羞辱公主之罪不能免，让他给公主叩头谢罪。董宣拒不从

汉光武赏强项令
出自《帝鉴图说》。该图描绘了东汉初年，湖阳公主家奴仗势杀人，洛阳令董宣不畏强权，当街拦车执法恶奴，湖阳公主告状至光武帝御前的场景。当时光武帝要求董宣给湖阳公主磕头谢罪，董宣不肯，他用双手撑住地面，旁边的人把他的头向下按，他依旧倔强地不肯低头。最终，光武帝只能让他离开。

命："公主纵容家奴犯法，还包庇凶犯，微臣执行皇上的法令，不知何罪之有？"左右按着董宣的脑袋，强令他给湖阳公主叩头。董宣用两手死死撑着地，硬着脖子，怎么都不肯低头。

湖阳公主见状，嘲讽光武帝："想当初你是平民百姓时，在家里收留一个犯人，官府都不敢上门来讨；如今你做了皇帝，却连一个小小的洛阳令都奈何不得，真是越活越不如从前。"

这番话反而把光武帝说笑了，自我解嘲道："天子与百姓当然不一样啊！"湖阳公主气得拂袖而去。光武帝对董宣说："你这个强项令，脖子可真够硬的，还不快点儿退下去？"

为了嘉奖董宣秉公执法，光武帝"赐钱三十万"。董宣将这笔赏金分给手下的官吏和衙役。从那以后，"强项令"董宣的威名传遍全国，洛阳治安从此日日好转。

当时洛阳盛传一句民谣："枹鼓不鸣董少平。""枹鼓"是官衙前的警鼓，"少平"是董宣的字，意思是说董宣做洛阳令，没有人敢犯法，自然也没有人到官府门前击鼓鸣冤了。

> 25年—57年

广求民瘼，除王莽之繁文，还汉家之轻法，三十年间，四夷宾服，家给人足，政教清明，功业可谓盛矣。

——《历代通略》

光武中兴

西汉出了个汉武帝，创建汉武盛世；东汉出了个光武帝，缔造光武中兴。两代帝王的文治武功创下千秋伟业，也引领着两大王朝一步步走向鼎盛时期。

时间
25年—57年

别称
建武盛世

缔造者
光武帝刘秀

执政举措
中央集权、简化机构、整顿吏治、与民休息、推行度田、抑制豪强、释放奴婢、重视文教、推崇儒学、选贤纳士、薄赋敛、省刑法

执政结果
成功缔造了"光武中兴"，为后期的"明章之治"奠定了基础

柔道治国，多管齐下

以"柔道"治天下是光武帝管理国家的一大特色。为了尽快恢复被战争破坏的农业，建武六年（30年），他下令实行"三十税一"的田赋制度，遇到自然灾害时再减免徭役，并由官府救济那些没有劳动能力或无法自给自足的人。

光武帝深知战乱带给百姓的妻离子散之苦，以及将士们的鞍马劳顿之苦。在他当政的33年里，除了建国初期的十几年，他再没有发动过战争。

建武十五年（39年），光武帝下诏让各郡县丈量土地，核实户口，加强朝廷对田地和农民数量的控制，重点清查私人所占土地数额，以防豪强兼并土地。具体实施的时候，各地豪强势力纷纷起来反对。

东汉·酿酒画像砖
1978年四川彭州出土，现藏于四川省博物馆。砖面右部有一屋顶，屋后壁挂两壶，可能是盛装酒曲的容器。砖面左部有荷酒贩者二人，一人肩挑两桶酒，一人推载有方形容器的独轮车。

这些几乎家家拥有武装力量的大地主，号称"大姓兵长"，地方官吏很忌惮他们，有的还收受贿赂。而可怜的农民，不仅微薄的田地要丈量，连房舍、里落都被当作田地丈量，以上报充数。

光武帝得知后，一气之下处死了度田不实的河南尹张伋及其他诸郡太守10多人，以示严格执行度田令的决心。没想到，此举引发豪强的强烈反抗，有的地方甚至爆发叛乱。许多农民不明真相，也跟随大姓兵长一起反抗，史称"度田事件"。

光武帝只得发兵镇压反抗者，为了减少死伤，他下令采取镇压与分化相结合的政策，让那些被抓捕的反抗者们互相揭发，"五人共斩一人者，除其罪"。被抓的大姓兵长不但要没收祖田，还要被强制迁徙到别的郡县，在当时，这种惩罚等同于灭门。度田事件平息后，开始出现"牛马放牧，邑门不闭"的好局面。

光武帝还先后9次颁布诏令，提出"天地之性人为贵"，要求释放奴婢为庶民，禁止虐待、杀害奴婢，

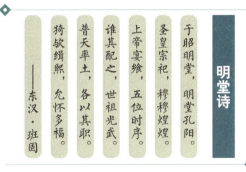

明堂诗

于昭明堂，明堂孔阳。
圣皇宗祀，穆穆煌煌。
上帝宴飨，五位时序。
谁其配之，世祖光武。
普天率土，各以其职。
猗欤缉熙，允怀多福。

——东汉·班固

违抗者将从重法办，这一举措对恢复社会秩序和发展社会生产大为有利。

选贤纳谏，兴学节流

光武帝刘秀9岁丧父，在叔父任职的萧县完成启蒙教育，后到长安太学游学，专攻儒家经典，养成了谨厚诚信、勤俭自励的性格。做了皇帝以后，他每日早早上朝，议政讲经，很晚才退朝，处理政务更是兢兢业业，废寝忘食。在生活方面，他谨遵儒家俭朴之道，同时还要求自己死后要薄葬。

他深知治理天下需要远见卓识，因此在用人上实行"退

东汉·绿釉陶六博俑
1972年河南灵宝出土，现藏于河南博物院。通体施以绿釉，陶座之上摆着两跽坐对坐俑，中间置一长方形盘局，一边置六根长箸，另一边置方形博局，博局两边各有六枚方形棋子，中间放有两枚圆"鱼"，生动地表现了当时人们博戏时的情景。

汉光武拒关赐布

出自16世纪《帝鉴图说》。描绘了光武帝有次打猎深夜归来，上东门侯郅恽以火光辽远不知真伪为由，拒关不开的故事。当时光武帝没有办法，只好转从东中门回宫。第二天郅恽上书劝谏说，皇上身负社稷宗庙，怎可放纵自轻。光武帝不但没有怪罪于他，反而深嘉其言，赐布百匹，反将东中门的门官贬为参封县尉。

经博士，恢复西汉时期的十四博士之学。平时，只要有时间，光武帝就会亲自巡视太学，奖励学业优秀的儒生。在皇帝的倡导下，许多郡县都办起了学校，民间创办的私学也兴盛起来，培养了很多优秀的人才。

在虚心纳谏方面，光武帝也是个英明的君主，能及时采纳朝臣谏议，而且从未因此迁怒于谁。有一次，他出城打猎，回来时城门已关。随从叫守门官郅恽开门，最后连皇帝本人都不得不站在城门下，但还是被郅恽毫不留情地拒绝了。光武帝有些恼火，只好绕道东中门入城。第二天清晨，郅恽上书谏劝光武帝打猎晚归之事，光武帝自知理亏，赏他100匹布，并将驻守东中门的守门官降职。

为了节省开支，光武帝还屡次拒绝群臣"封禅泰山"的进谏。直到建武中元元年（56年），他已经做了30多年的皇帝，自认为可以告慰天地先祖，才到泰山举行了一次"封禅"大典。回到洛阳后，光武帝又下诏将年号改为"建武中元元年"，即万象更新之意。第二年，63岁的光武帝因病去世，皇太子刘庄继位，史称"汉明帝"。

功臣而进文吏"的措施，同时致力于复兴儒学，从精神意识上稳定及统治人心。光武帝下令广泛搜集、整理古代典籍，为复兴儒学、推行教化进行准备。建武五年（29年），他下令在洛阳城门外兴建太学，传授儒家经典，并设立五

汉·青铜山林瑞兽纹长颈瓶

瓶唇口,细长颈,扁圆腹,高足。通体刻花装饰,主题纹饰为山林瑞兽图案,兽纹栩栩如生,山石、树叶刻画得精细入微,纹饰之间以弦纹和几何纹、菱形纹间隔。整体造型端庄,装饰华美,是汉代青铜器中的精品。现藏于美国大都会艺术博物馆。

> 60年

中兴二十八将,前世以为上应二十八宿,未之详也。然咸能感会风云,奋其智勇,称为佐命,亦各志能之士也。

——《后汉书·二十八将论》

云台二十八将

在中兴汉室的路上,名臣云集,骁将齐聚。君臣同心,蹈以艰危,终获安定。得其时,遇其主,这二十八位开国功臣,不但平安至老,享受了当时的荣华,也在历史上留下了深深的烙印。

入选原因
为东汉开国立过大功;与皇室有亲的避嫌

绘像时间
60年

绘像地点
洛阳南宫云台

逸闻
对应天庭二十八星宿

骠骑将军慎侯刘隆

东汉开国中,最出名的将领中邓禹、马成、吴汉、王梁、贾复、陈俊、耿弇、杜茂、寇恂、傅俊、岑彭、坚镡、冯异、王霸、朱祐、任光、祭遵、李忠、景丹、万脩、盖延、邳彤、铫期、刘植、耿纯、臧宫、马武、刘隆等28人,功劳盖世,地位尊贵。永平三年(60年),汉明帝追忆当年随父皇打下江山的功臣宿将,下令为28位功臣绘像一张,悬挂于洛阳南宫云台,"云台二十八将"之名由此得来。

排在第一位的邓禹是刘秀称帝的首倡者,居军师之位,被封为高密侯,汉明帝即位后又拜为太傅,邓氏家族遂累世宠贵。当初在河北,是邓禹向刘秀建议"延揽英雄",因此刘秀选中的将才遍布各地。"云台二十八将"中除了11位来自南阳的将领,其余17人分别来自信都、巨鹿、颍川、东莱、渔阳、上谷、扶风等地。

大将军贾复被封为胶东侯,他作战勇猛,置生死于度外,在战场上受过12次创伤,入征以来从未打过败仗。有一次,贾复伤得很重,光武帝令他伤愈后不准再频繁出征,但每次论功时,光武帝都会说:"贾君之功,我自知之。"

虎牙大将军安平侯盖延　　城门校尉朗陵侯臧宫　　上谷太守淮陵侯王霸

捕虏将军杨虚侯马武　　河南尹阜成侯王梁　　执金吾雍奴侯寇恂　　信都太守阿陵侯任光

吴汉曾任大司马,率军转战南北,战功赫赫,被封为舞阳侯,留任军职;多次立下军功的耿弇,光武帝认为他的功劳胜过当年的韩信,将其封为好畤侯;随光武帝南征北战的臧宫,因作战勇猛,被封为成安侯,历任太中大夫。

刘秀对功臣赐予爵位田宅,高官厚禄。但是,为了避免功臣权力过大,他采取"退功臣,进文臣"的策略,重用通儒术、信符谶、没有功臣和国戚背景的文臣。早在建武二年(26年)天下尚未安定时,刘秀大封功臣时曾恩威并施,告诫他们切忌"放纵"。当时,离汉高祖刘邦诛杀功臣的前车之鉴不算遥远,刘秀的忠告很容易被部将所接受。

建武十三年(37年),刘秀大封平定西蜀的功臣,受封人数达到365人。这些沉浸在胜利与功勋喜悦中的将军们,没想到领取封赏的条件是"必须上将军印绶,以列侯就第,不与国政"。于是,大将军贾复等人一手交出将军兵权,一手接过侯爵印绶,按封就国。

据说,光武帝刘秀与将领们相处得特别融洽,每遇征讨大事,都会请他们入宫协商。有一次,他与众将领闲聊起来问道:"如果没有机会驰骋疆场,你们觉得自己能做什么?"邓禹回答说:"如果没有跟皇上打江山,我可能是一位五经博士。"马武回答说:"我肯定是一位抓强盗的捕头。"光武帝笑着说:"马武,你不去做强盗就已经万幸了,还能指望你抓强盗?"一时间,君臣朗声大笑。

31年

造作水排，铸为农器，用力少，见功多，百姓便之。

——《后汉书·杜诗传》

杜诗制水排

"前有召父,后有杜母"，两个朝代，两位太守，兴修水利，滋润良田，造福一方黎民百姓。水排，在杜诗的设计改进中，成为当时农田水利的一项革新之举。

主要官职
南阳太守

历史地位
东汉的水利专家、发明家

主要成就
创造利用水力鼓风铸铁的机械水排

直接影响
水排最晚于公元1世纪上半叶在南阳地区已开始广泛使用

东汉·青玉猪
脊背上圆下平，两端齐整，耳用阴刻表现，四腿前伸后躬趴伏状，前端齐嘴下饰透孔鼻，后尾棍亦雕小孔鼻。通体滑润，光泽明亮，简洁可爱。

秉公执法，连升三级

杜诗（？—38年）字君公，为河南汲县（今河南卫辉）人。在担任功曹的时候，他因办事干练、公平有序，被刘玄征召到大司马府中任职。光武帝建立东汉时，杜诗三次升迁，担任侍御史，负责维持洛阳的治安，安抚回到京城的百姓。

当时，大将军萧广居功自傲，飞扬跋扈，纵容手下在洛阳城内为非作歹，残害百姓。杜诗规劝萧广要爱民如子，严加管教下属，不能任由他们暴虐横行。萧广对杜诗的话充耳不闻，依旧我行我素。杜诗再三劝阻，命令萧广必须约束兵士，后者依然毫不理会。杜诗一怒之下，按照律令将萧广捉拿归案，就地处死，然后将详细经过写了奏折，上奏给光武帝。

光武帝非常欣赏杜诗这种嫉恶如仇、不畏权势的行为，不但亲自召见，还赏赐他一套棨戟仪仗，以示器重。从此，杜诗在朝廷中威信大增，执法效果事半功倍，洛阳城的治安一天天好起来。

过了一段时间,光武帝派杜诗去河东地区诛降逆贼杨异。杜诗到了大阳(今山西平陆西南),听说杨异率领部下企图渡河北上,于是杜诗将计就计,派人烧掉他们的船只,同时亲自率领精兵强将,在对方毫无觉察的情况下,从后面展开突袭,当场斩杀杨异。

这次剿匪成功令杜诗升为成皋县令,三年后,他因政绩突出又升为沛郡都尉、汝南都尉,建武七年(31年)再升任南阳太守。

虽然每到一处任职,杜诗都能秉公执法,清廉自守,得到当地百姓的不少赞扬,但他从未把这些当成升官的资本,反而认为自己没有什么功绩,主动要求把职务让给功臣。

在给皇上的奏折中,杜诗写道:"皇上能够完成汉室大业,统一四海,是天下人的幸运。而匈奴却不明白您的德行,时常侵扰边境,欺辱中原百姓。如今的当务之急是对付匈奴侵扰,安定朝廷边患。微臣认为'军队取胜的关键在于将士上下同心协力,而不在于兵力众多',因此斗胆提议皇上交替采用攻占和休整的办法,将一些有功将士从军队中选拔出来,封赏为公卿郡守,那么将帅们就会自勉,士兵的勇气也会提高百倍。如今皇上任用我这样愚昧浅薄的人,占了朝廷官员的名额,断绝功臣们

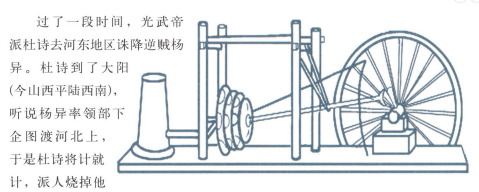

杜诗水排模型简图
水排是中国古代一种冶铁用的水利鼓风装置。最初的鼓风装置大都是皮囊,运用人力和马力拉,因此也叫人排和马排。杜诗将其改进为水力鼓动,大大提高了其工作效率。

的希望,实在不合适。希望皇上降职于微臣,让微臣做一些力所能及的事情。"光武帝看了杜诗的奏折深受感动,但出于爱才惜才之心,没有同意。

发明水排,获称"杜母"

杜诗感激光武帝的知遇之恩,在地方做官时经常为朝廷推荐一些良才,或提出一些有益的举措。在那时候,有些法规非常简单,比如发兵只要有玺印加封的公文即可,这种做法存在很大的隐患。杜诗上书建议道:"微臣听闻军队是国家杀人的工具,也是历代圣王审慎对待的事物。过去,为了慎重展示朝廷权威,调兵遣将需要虎符、竹策相合,才能得到对方完全的信任。如果调遣军队只用玺印加封的公文或皇帝的诏令,万一有窥伺已久的奸人弄虚作假,实在不容易识别,那将使国家陷入危难

利用水力推动的水排

之中。因此，微臣恳请皇上采用虎符制度，以防备发生奸邪之事。虽然这样做有些麻烦，但有些烦琐不能简省必须如此，大概发兵制度就是指这类事情吧。"光武帝觉得杜诗说得很有道理，很快采纳并执行了他的提议。

在南阳任太守时，杜诗大搞水利，修建池塘，扩大耕地面积，使南阳日益富足。当时，南阳地区的水资源比较丰富，土地多为河泥淤积而成的肥沃平原，再加上气候温和，降雨量丰富，非常适合发展农业和水利。但是，发展农业需要不断改进农具，要想制造更先进的农具，必须要有较高的冶铸技术，而冶铸技术提高的关键，就在于鼓风设备的改进。

先秦时期，人们为了提高铸造炉的温度，使用皮囊鼓风，因此冶铸匠师必须先学会高超的缝制皮囊技艺。杜诗到任南阳之前，当地的人们主要使用人力和马力来增加炉温，既耗时又费力。他经过反复研究，发明了一种用水力拉动风箱的工具——水排。水排比先前鼓风的效率提高3倍，大大节省了开支和民力，可以说是当时冶铁技术的一项重大创新。

建武十四年（38年），杜诗因病去世。因其一向清廉节俭，家中没有田宅，也没有积蓄或贵重物品，根本没有余钱办理丧事。他的朋友司隶校尉鲍永上书朝廷，向光武帝说明杜诗家里的情况，光武帝下令在郡守官邸里治丧，并赐千匹绢绸作为治丧费用。

中国水车的演化

发展阶段	技术发展
东汉	水车产生，汉灵帝时有"翻车"称谓
唐宋	水车轮轴进步较大，装有提水的"筒"，可将水由低处运往高处
明代	水车轮轴装有一组或多组齿轮，有"水转翻车""牛转翻车"或"驴转翻车"等多种形式

东汉·陶博山炉
博山炉为汉代常见的焚香所用的器具,此炉子母口,盖呈圆锥形,镂雕旋涡纹,短柄之下承一圆盘,以备贮汤熏衣之用。泥质灰陶,可能为明器。现藏于美国洛杉矶郡立艺术博物馆。

41年—44年

> 援年十二而孤，少有大志，诸兄奇之。常谓宾客曰："丈夫为志，穷当益坚，老当益壮。"
>
> ——《后汉书·马援列传》

马援平交趾

这是一位热血军魂的职业军人，平生夙愿就是"战死疆场，马革裹尸"，最终在为国尽职的途中实现了自己的愿望，成为后世军迷心中的英雄。

主要官职
伏波将军

封爵
新息侯

主要成就
平定交趾，助破隗嚣，抚平羌乱

代表作品
马援能文，南征交趾时著有《武溪深》，而且善于相马，又著有《铜马相法》

逸事典故
马革裹尸、老当益壮、画虎不成反类犬

蒯除二征，平定交趾

马援（前14年—49年）字文渊，扶风茂陵（今陕西兴平东北）人。王莽新朝末年，天下群雄并起，马援先是依附割据陇西的隗嚣，后因钦佩光武帝刘秀自身的宗室气度，离开陇西投奔刘秀。在平定陇西的时候，马援"聚米为山"，用米摆成军用地形图，为光武帝讲解山川地势及进攻路线，使汉军顺利攻下陇西。

马援性格爽快，办事磊落，遇到该说的话从不掩饰回避。在军事上，光武帝对他十分倚重，几乎言听计从。在国事上，马援也经常提出一些中肯的建议。他在陇西的时候，发现币制混乱，使用起来非常不方便，就上书朝廷，建议使用过去的五铢钱。三府审议后，认为马援的建议不可行，遂将此事搁置起来。

马援像
马援二平岭南时，身染重病而死。与其他开国功臣不同，马援大半生都在"安边"战事中度过，实现了马革裹尸、不死床箦的志愿。他忠勤国事，居于高位时也不结势树党，堪称一代良将。

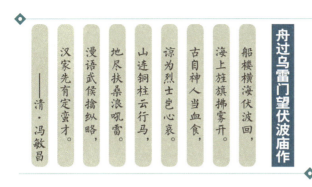

舟过乌雷门望伏波庙作

船楼横海伏波回，
海上旌旗拂雾开。
古自神人当血食，
谅为烈士岂心衰。
山连铜柱云行马，
地尽扶桑浪吼雷。
漫语武侯擅纵略，
汉家先有定蛮才。

——清·冯敏昌

建武十八年（42年），马援率军深入交趾腹地，依山开道千余里，直捣叛军巢穴，斩首数千级，降者万余人，征侧、征贰落荒而逃。第二年正月，马援斩杀征侧、征贰，平定叛乱，将姐妹二人的首级快马加鞭送到洛阳。接着，他又率兵乘胜追击，直至悉数剿除二征党羽。

马援回朝后听说此事，立即找回奏章，依据情理反驳上面所批的十几条质疑意见，并重新上奏，最后光武帝采纳了他的意见，天下百姓因此而受益颇多。

建武十六年（40年），素来臣服于中国的交趾郡（今越南北部）发生叛乱。交趾女子征侧因不满交趾郡太守苏定在当地的统治，愤而起兵反抗，她的妹妹征贰也加入造反队伍。姐妹二人率领叛军占领了交趾郡，九真、日南、合浦等地的越人纷纷响应，叛军人数骤然大增，接连攻陷岭南65座城池。征侧趁机在麓泠自立为"征王"，公开与汉朝决裂。

光武帝任命50多岁的马援为伏波将军，率领8000名汉军与交趾兵共2万人，以及2000艘车船，采取水陆并进战术一路南下。

《雷州府志》碑文
东汉建武年间，伏波将军马援为平定交趾之乱，挥师南下，屯兵雷州半岛，庇护民众。宋宣和二年（1120年），饱受金兵骚扰之苦的宋徽宗期待朝廷能有像马援一样的猛将，封马援为忠显佑顺王。

封马援为忠显右顺王昔以智谋终殄金溪之寇已而精爽常为月窟之游既凭物以显灵况有功而当祀桥南万里遗爱犹存庙食千年英风尚凛倾缘使船之艰苦飘顺涛安遣致济海之虞共济屏翳息号空之怒飙顺而安遣成济海之功无愧伏波之号宜进於徽号用昭报於宠庥神其格思歆我嘉命

敬录《雷州府志》

东汉时军队体系设置

分类	官职设置		主要功能	
中央军	南军	光禄勋	五官、左、右中郎将,虎贲、羽林中郎将,羽林左监,羽林右监	宿卫宫廷
		卫尉		守卫宫门
	北军	中侯	屯骑、越骑、步兵、长水、射声校尉	宿卫京师
地方军	黎阳营		守卫黄河以北	
	雍营		守卫长安	
	渔阳营		防御鲜卑	
边防军	使匈奴中郎将、度辽将军、护乌桓校尉、护羌校尉			

建武二十年（44年），马援率部凯旋。一路所经之处，协助当地百姓疏浚渠道、治理城郭、教授农耕技术，大力促进岭南农业的发展。光武帝封他为新息侯，食邑3000户。

军中病逝，马革裹尸

马援从交趾归来后，还没下鞍就主动要求去平定北方的匈奴和乌桓。前来迎接的使者劝其先休息一阵，享受与家人的团聚。他说："男儿当战死疆场，马革裹尸而还，岂能朝夕守在家人身边！"众人一听，肃然起敬。

建武二十四年（48年），武陵（今属湖南）发生叛乱，当地官员多次讨伐不见成效。62岁的马援请求带病出征，光武帝因其年纪太大没有同意。马援叫人牵来战马，穿好甲胄，手拿大刀，跃身上马，雄赳赳、气昂昂地在马上左顾右盼，仿佛在指挥千军万马。光武帝笑着说："矍铄哉，是翁也！"遂同意他率兵远征。

马援临出发前，对一位朋友说："我受皇上厚恩，常常担心不能为国而死，如今终于达成心愿，至死也能瞑目了！"

由于天气太热，再加上水土不服，很多士兵生病死去，马援本人也不幸染上疫疠（急性传染病），汉军几乎丧失了战斗力。面对萎靡不振的汉军，马援不得不暂停作战，命令士兵开凿山洞，钻到里面躲避暑气，以备伺机再战。

中郎将耿舒因在行军路线上跟马援意见相左，心怀不满想借机报复，便通过弟弟耿弇上书朝廷，把军事失利的责任都推给马援，诬告他每到一处都要停歇，以致坐失战机，惨遭失败。

光武帝信了耿舒的话，派虎贲中郎将梁松作为钦差大臣，快马加鞭赶到武陵，监督马援的军队。没过多久，马援病死在军中,实现了"战死疆场,马革裹尸"的壮志。然而,原先因琐事记恨马援的梁松借故陷害他,当马援的遗体运回京城的时候,朝廷并没有为他举行隆重的葬礼,还收回了他的新息侯印绶。

马援在交趾的时候,很喜欢吃薏米,用以"轻身省欲,以胜瘴气",因此回洛阳的时候,特地带回一车薏米种子,众臣还以为带回来的是一车珍宝,但因忌惮光武帝对他的信任,没敢发作。等到马援死后,这些权贵纷纷上书,检举他贪污受贿,光武帝信以为真,气得大发雷霆。

就这样,马援的家人不敢将其安葬在祖坟里,悄悄在城西买了一块地草草下葬,亲朋好友谁都没敢来吊唁。后来,家人得知他的蒙冤真相,多次上书申诉,才终将马援归葬。直到建初三年(78年),汉章帝才追谥马援为忠成侯。

伏波庙

伏波庙坐落在湖南株洲渌口镇渌江右岸的伏波岭上。东汉建武十七年(41年),马援南征交趾,往返途经渌口,历时三载,均屯兵于岭上,后人感其勋德,便将此岭称为伏波岭。后唐明宗天成二年(927年),节度使马殷踞湖南时,在伏波岭立神祠,名曰"伏波祠",又称"大王庙"。古庙分上下两进,中有天井,前殿奉有关帝像,后殿供伏波将军塑像。

> 48年

使者曰:"单于当伏拜受诏。"单于顾望有顷,乃伏称臣。

——《后汉书·南匈奴传》

匈奴分裂

自冒顿单于雄起之后的很长一段时间里,匈奴一直在北方草原上保持骄傲的姿态,甚至成为威胁两汉王朝的最大边患。待到两汉王朝日益盛起,这支强邻接连两次遭遇内部危机,渐从边患的角色转为臣服。

时间
48年

原因
匈奴内部发生争权内讧,而且连年出现旱灾、蝗灾

结果
匈奴再次分裂为南北二部,南匈奴归汉,北匈奴西移

受益方
东汉王朝

西汉末年,匈奴利用中原地区连年战乱、无暇外顾的机会,开始疯狂扩张,先后控制了除莎车国以外的西域各国,以及东北的乌桓、鲜卑等少数民族势力,并联合卢芳、彭宠等反东汉势力,时常侵入长城以南,对边境地区进行骚扰和掠夺。

东汉初年,光武帝刘秀的首要任务是统一中原,安抚民心,对于匈奴的屡屡挑衅暂时有心无力,不得不放弃对西域各国的经营。后来西域各国不堪遭受奴役,几次派遣大使请求大汉出兵,光武帝只能拒绝,对匈奴采取怀柔和防御的战略。

建武六年(30年),光武帝先后派归德侯刘飒、中郎将韩统等人出使匈奴,希望通过"赂遗金币"的方式,恢复与匈奴的友好关系。然而,匈奴单于并不把汉朝放在眼里。

汉·"汉匈奴归义亲汉长"青铜印

建武九年(33年),光武帝派大司马吴汉率兵驱除匈奴的骚扰,持续作战一年,结果不但没有达成目的,反而使匈奴变得越发猖狂。光武帝无法,只好一再内迁住在河东雁门、代郡、上谷三郡边疆的百姓。匈奴左部乘机入居塞内,不断南下掳掠,袭击天水(今甘肃天水)、上党(今山西长子西南)、扶风(今陕西兴平)等郡。

建武二十二年（46年），匈奴单于舆死，其子蒲奴被立为单于。呼韩邪单于的孙子比在单于舆继位时，被封为右薁鞬日逐王，管领南边八部及乌桓之众数万人。因他没有被立为单于，比心生怨愤，匈奴内部出现了不小的矛盾。

建武二十四年(48年)，比袭用祖父的称号，自立为呼韩邪单于。由于汉匈双方势不两立，加之当时匈奴接连发生旱灾、蝗灾，草木尽枯，人畜饥疫，死耗大半，乌桓又乘机进攻——呼韩邪单于考虑再三，最后决定率领部众归附东汉。这支部族先屯居于五原西部塞，后又徙于五原、云中、美稷、朔方、定襄、雁门一带，帮助汉朝驻守边疆，历史上称作"南匈奴"，留在原处的称作"北匈奴"，至此，匈奴分裂为南北二部。

南匈奴归附后，东汉朝廷赐给南

汉宫生活模拟场景图

单于玺绶、仪仗、器用，将其视为诸侯王，还经常赐给他们粮食、牲畜、黄金、缯帛等物，多次帮助他们击败北匈奴。

北匈奴的力量一再减弱，受其压迫的乌桓、鲜卑等族先后摆脱控制，归附了东汉。其中一些北匈奴贵族及部众也大批南下归降，北匈奴单于只好一路向西远引而去。

公元 1 世纪世界各地主要政权

国家	政权名称	代表性君主
中国	西汉末年、新朝、东汉前期	汉哀帝刘欣、王莽、光武帝刘秀
匈奴	南匈奴、北匈奴	呼韩邪单于日逐王、蒲奴单于、北单于
日本	弥生时代	崇神天皇御间城入彦五十琼殖尊、垂仁天皇活目入彦五十狭茅尊
新罗	朴王朝	国王朴赫居世、朴南解、朴婆娑
高句丽	高王朝	琉璃明王高类利、大武神王高无恤
百济	扶余王朝	温祚王、多娄王、己娄王
贵霜（大月氏人）	卡德菲兹王朝	国王丘就却、无名王索特尔·麦格斯、阎膏珍
帕提亚帝国（安息）	阿萨息斯王朝	阿尔达班二世、瓦尔达内斯一世、帕科罗斯二世
犹太－犹地亚	希罗德王朝	希罗德一世
罗马帝国	朱里亚·克劳狄王朝	提比略、尼禄
	四帝内乱期	加尔巴、奥索、维特里乌斯
	弗拉维王朝	韦帕芗、提图斯、图密善
	安敦宁王朝	涅尔瓦、图拉真

> 39年—79年

君子谓德后在家则可为众女师范,在国则可为母后表仪。

——《续列女传》

贤明马皇后

一个居功不骄,战死疆场、马革裹尸;一个受宠不恃,贤良淑慧、德冠后宫,德行高洁的父女两代人,在东汉历史上为马氏家族留下了一抹鲜亮的色彩。

封号
贵人、皇后、太后

性格特色
贤良淑慧,德行高洁

代表作品
《显宗起居注》为历史上最早的专门记录皇帝日常言行的作品

历史地位
中国第一位女史学家,开创了"起居注"这一史书体例之先河

逸事典故
车水马龙

马皇后与侍女
出自清焦秉贞的《历朝贤后故事图》。马氏为马援小女,因品行高尚而得到太子刘庄的专宠,继位后由皇太后下旨立为皇后。马皇后一生无子,其养子即为后来的汉章帝,因感念马皇后的恩情和美德,登基后尊她为皇太后。

幼理家事,入宫获誉

新息侯马援为人正直清廉,不擅长与权贵打交道,无意中得罪了光武帝的女婿梁松和窦固等一些权贵子弟,导致去世后受人诋毁,家人也备受欺凌。没过多久,他的两个儿子先后早夭,屡遭打击的马夫人悲伤过度卧床不起,家里家外都由年仅10岁的女儿主持和打理。遗憾的是,历史上并没有记载马家这个聪明小姑娘的名字,只能称呼她为"马氏"。

马氏(39年—79年)身材高挑,相貌端庄,好读经典,最为醒目的是她的头发,不但发质乌黑光亮,发量也非常丰厚。当时,寻常女子盘发髻,盘一两个髻就得加入假发,而马氏的头发盘出4个大髻还有剩余,可围着发髻再绕上3圈。

马氏13岁那年,她的两个姐姐一个14岁,一个15岁,都满足宫中"十三以上、二十以下"的选妃标

东汉

含饴弄孙

出自清焦秉贞的《历朝贤后故事图》。马皇后与汉明帝感情非常和谐,相互尊重。在政事处理上,汉明帝常常也会听取她的意见,但她从未为自己的家事求过私情。汉章帝要为她的哥哥们封爵,她坚决不肯,并说希望国泰民安,她就可以安享晚年,逗弄孙子,不闻政事了。

准。当时,上至皇太子刘庄,下至皇子诸王,均还没有册立妃位,姬妾之位更没有满额。马氏的堂兄马严上书请求,希望妹妹们能成为太子或诸王的姬妾。

光武帝同意了马严的请求,按照宫廷制度,召来相士为几位马小姐看相。亭亭玉立的马氏不施脂粉,只是左眉角缺了一点点,用青黛薄薄地描了描。没想到,这样未经雕饰的马氏得到相士的百般称赞,也引起了光武帝的注意。结果出乎所有人意料,光武帝将马氏许配给皇太子刘庄,马严高兴地帮堂妹打点完毕,风风光光地送进了宫。

皇后阴丽华非常喜欢孝顺温和的马氏,对她格外照顾。阴氏是新野大族,阴丽华从小知书达礼,美貌远扬。刘秀当年在新野时,与其青梅竹马,一心想求之。功夫不负有心人,更始二年(24年),刘秀与阴丽华喜结良缘。登基继位以后,尽管后宫佳丽三千,光武帝依然最宠爱阴丽华,坚持将她立为皇后。因此,对于皇后称赞的女子,光武帝自然也会另眼相看。

更出人意料的是,刘庄也非常宠

爱马氏,经常让她住在自己寝宫的后室,以便可以随时看到她。可是,即便刘庄对马氏近乎专宠,几年过去马氏也没有生育一男半女。马氏便为太子寻找合适的女子,如果受到恩宠后,就加以奖励。

德冠后宫,册立为后

光武帝去世后,皇太子刘庄继位为汉明帝,20岁的马氏被封为仅次于皇后级别的"贵人"。因皇后位缺,各位公卿大臣纷纷想把女儿嫁到宫内,以期成为皇亲国戚。在新入宫的女子中,有一位贾氏是马贵人的外甥女,很快为刘庄生下了儿子刘炟。

汉明帝并没有因为子嗣宠爱贾氏,他心中最重要的女人始终是马贵人,正因如此,他非常心疼马贵人渴望生育之苦。于是,在依照惯例封贾氏为贵人后,汉明帝亲自抱着刘炟,将孩子送到马贵人那里做养子,还宽慰她说:"人未必当自生子,但患爱养不至耳。"意思是说:"这个世界上,不是非得亲生的才是自己的孩子,只要拥有一颗慈爱之心,别人的孩子一样能成为孝顺你的好孩子。"

马贵人感恩汉明帝的体谅,悉心抚养刘炟,只要涉及孩子的事情,必要亲力亲为,在生活上呵护备至,在为人处世上言传身教,她所付出的母爱远远超过其他嫔妃对自己亲生子女的付出。

刘炟长大后,对马贵人充满感恩之情,与她非常亲近。他非常钦佩马贵人宽容慈爱的品格,认为养母要比生母更值得自己爱戴和回报。

汉明帝继位的头三年,一直没有

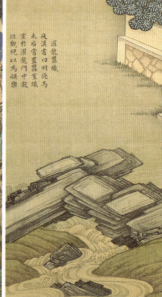

正式册立皇后。汉明帝很想将心爱的女人立为皇后，可她毕竟没有生育儿女，贸然立后肯定会遭到其他嫔妃家族的强烈反对。

终于，新帝为父守制的时间已满，朝廷内相关人员纷纷上奏，要求汉明帝以社稷江山为重，早日册立皇后，入主皇后所居的"长秋宫"。当时，后宫除了贾贵人生育过，还有两位嫔妃生下皇子刘建和刘羨。另外一位阴贵人，是皇太后阴氏一族的女子，势力自不必说，想立马贵人为皇后，可谓困难重重。

皇太后明白汉明帝的为难之处，为了帮他解围，主动下旨说："马贵人德冠后宫，宜立为后！"就这样，永平三年（60年）春，马贵人被册立为皇后，养子刘炟被册立为皇太子。

身为皇后的马氏依然对所有人礼数周全，从不奢侈浪费，常穿粗丝之服，裙脚不加边缘及修饰。有一次，嫔妃和公主们前来请安，远远看见马皇后衣着粗糙，还以为是特制的衣料，走到近前才看出是极普通的衣料。

马皇后是汉明帝一生中唯一的皇后，汉明帝对她十分依赖，在政事上遇到难题总与她相商，请她帮忙出主意。马皇后很聪明，只帮助汉明帝分析问题，从不主动干政，更不以自家私事有求于汉明帝。

永平十八年（75年），汉明帝驾崩，皇太子刘炟继位为汉章帝，养母马皇后被尊为皇太后，生母贾贵人未得尊封。4年后，马太后病逝，追谥为明德皇后，与汉明帝合葬于显节陵。

教训诸王、濯龙蚕织、身衣练服
出自清焦秉贞的《历朝贤后故事图》。分别描绘了马皇后亲自教导并检查诸王学业、亲置蚕室、不穿丝绸、衣不饰边的自律和节俭美德。

64年—67年

白马寺，汉明帝所立也，佛入中国之始。寺在西阳门外三里御道南。帝梦金神，长丈六，项背日月光明。金神号曰佛。遣使向西域求之，乃得经像焉。时白马负经而来，因以为名。

——《洛阳伽蓝记》

白马驮经，佛教内传

这是一个由天子之梦引发的美丽故事。一次出使、一匹白马，让这传说化为一场影响后世几千年的开端：它引领着印度佛教首次传入中国，让洛阳白马寺成为佛教在中国的祖庭，成为一段历史的不朽见证。

时间
64年—67年

原因
明帝生梦，傅毅解梦

事件
天竺高僧迦叶摩腾和竺法兰来洛阳弘法；
白马驮佛经而归，白马寺因之而建

意义
河南洛阳白马寺是中国第一次西天求法的产物，此处诞生过第一部中文佛经和中文戒律，产生了第一个中国汉地僧人；
白马寺被视为中国佛教的"祖庭"和"释源"，也是佛教传入中国的开始和典型标志

从天竺驮回佛经

永平七年（64年），皇太后阴丽华去世，汉明帝悲伤得寝食难安。有天晚上，他做了一个奇怪的梦，梦中出现一个金光闪闪的人，头顶上罩着一圈白光，在宫殿里忽悠悠地飘来荡去。汉明帝正要问他是谁，从哪里来，那金人忽然飞出宫殿升上天空，向西而去。

他将梦境讲给大臣们听，大家谁也不知道金人是谁，更说不好此梦有什么征兆，究竟是吉还是凶。汉明帝说："朕听说西域有位叫'佛'的神，梦里那个金人朝西去了，也许是佛？"

大臣傅毅答话："以前骠骑将军霍去病

汉明帝像
汉明帝刘庄（28年—75年），初名刘阳，光武帝刘秀第四子，东汉第二位皇帝。在位期间，提倡儒学，引进佛教，注重刑名文法，为政苛察，对于外戚及功臣比较防范。政治清明，民安国定。

征伐匈奴的时候，带回来休屠王供奉的金人，据说是从天竺传到休屠国的。原本金人被供奉在甘泉宫，后来因去战乱不知去向。臣以为皇上梦到的金人一定是天竺的佛，听说天竺还有佛经。"汉明帝一听来了兴致，遂派羽林郎中秦景和蔡愔、博士弟子王遵出使天竺，求请佛经。

天竺也叫身毒（yuán dú，今尼泊尔与印度），是佛教创始人释迦牟尼出生的地方。这位从小尽享荣华富贵的王子，长大后见到人们生老病死及贫困之苦，心里特别难受，想寻找一个办法令世人摆脱这些痛苦。后来，他离开王宫，在山中苦思冥想了16年终于顿悟，创立了佛教。佛教讲求众生平等，做人要慈悲为怀，不可妄杀一切有生命的东西；一切事物都有因果，行善作恶都会有报应；物质是暂时的，只有精神是不灭的……信徒们将他说的话记载下来，编成经典广为传颂，成为日后念诵的佛经。

蔡愔和秦景备好行李和干粮，带着手下山发了。此时，虽然西汉时期已经成功开辟前往西域的道路，但沿途大多是荒郊野岭与大漠戈壁。一行人历经千辛万苦，好不容易到达天竺，天竺人听说汉朝派使者来求请佛经，自然非常欢迎。

蔡愔和秦景在天竺学会了当地的

《佛说四十二章经》书影
简称《四十二章经》，收于《大正藏》第17册《经集部》。据说是东汉迦叶摩腾、竺法兰共译，是从印度传到中国的第一部重要佛教经典著作，也是古代中国译出的第一部佛教经典。内容是把释迦佛所说的某一段话称为一章，共选了四十二段话所编集而成。

语言和文字，高僧竺法兰与迦叶摩腾也跟他们学习汉语和汉字，为他们讲解一些佛教的道理。汉使返程之前，极力邀请两位高僧到大汉传播佛经，得到对方的首肯。于是，永平十年（67年），众人带着两位高僧，用白马驮着四十二章佛经和一座释迦牟尼佛像，千里迢迢回到了洛阳。

洛阳建起白马寺

二人先将高僧安顿在东门外的鸿胪寺，然后进宫朝见汉明帝，呈上佛像和佛经，又引见了竺法兰与迦叶摩腾。汉明帝记不清梦见的小金人是不是跟眼前的佛像一样，他翻看佛经犹如天书，

宿白马寺
白马驮经事已空，
断碑残刹见遗踪。
萧萧茅屋秋风起，
一夜雨声羁思浓。
——唐·张继

白马寺

河山百二走关门，经入中原佛自尊。
白马驮从天竺国，青鸾飞傍给孤园。
蒲团雪积花前供，贝简云深石上翻。
自昔南宗称弟子，不将文字与僧论。

——明·欧大任

一个字也看不懂，不由得兴趣寥寥。竺法兰与迦叶摩腾热情地讲解起来，汉明帝虽然听得云里雾里，但还是礼节性地表示赞同。

由于这批佛像和佛经是用白马驮回来的，汉明帝遂于次年下令在洛阳雍关之西，参照天竺寺院的大致模样建起了一座白马寺，以纪念佛教进入中原，并将驮经的白马也供养在那里。此后，随着佛教在中国的兴盛，各地几乎都建有以白马为名的寺院。

然而汉明帝君臣对佛经并没有兴趣，只把来自天竺的佛像、佛经和两位高僧当作新奇事物偶尔去看看。因此，白马寺的香火一开始并不旺盛。

野心勃勃的楚王刘英对此却非常感兴趣，专门派出使者前往洛阳，向两位高僧求教。竺法兰与迦叶摩腾看他虔诚礼佛，就为他画了一幅佛像，抄了一章佛经，让使者请回，并教习如何供奉。从那以后，刘英把佛像供起来，早礼拜晚祷告，求佛祖保佑他心想事成。与此同时，他打着佛教的幌子，结交各地方士，刻制图文当"符命"，以证明自己应该做皇帝。

永平十三年（70年）未等刘英起事，便有人向汉明帝告发他意欲谋反。汉明帝派人调查后，下令革去刘英的王位，将他送至丹阳。刘英自觉罪行严重，刚到丹阳便畏罪自杀了。

一些儒生本就不赞成建寺院、供佛像，正好借着刘英谋反的事，劝说汉明帝专门重视儒家。汉明帝欣然同意，下令在南宫办了一座太学，让宗室及贵族子弟都来学习儒家经典和君臣之道，还亲自到太学给学生讲课。据说汉明帝讲课的时候，围观者竟然多达10万多人。

◆ 中国最早的佛教徒 ◆

刘英，光武帝和许美人的儿子，很小的时候就被封为楚王，封国在今江苏徐州地区，成年后因图谋取代汉明帝未成被废去王位自杀。徐州在古时是交通南北、联络东西的商埠重地，经济发达，文化活跃，也是道教思想兴盛和道教兴起的重要区域。据史料记载，楚王刘英是中国目前已知最早的佛教信徒。他在徐州主持创建了中国最早的佛寺"浮屠祠"，并组织僧人和居士建起中国第一个佛教团体，进行了中国的第一次佛教活动。

白马驮经图

明丁云鹏绘。此图表现了天竺僧迦叶摩腾与竺法兰自西域以白马驮经来至中国时的场景。现藏于中国台北"故宫博物院"。

67年

十年春二月,广陵王荆有罪,自杀,国除。

——《后汉书·显宗孝明帝纪》

沉迷帝王梦的广陵王

长得像先帝,就要当皇帝?广陵王刘荆可不觉得自己是痴心妄想,一而再、再而三地密谋起兵,意欲反叛。一奶同胞,不忍加刃于其身,汉明帝次次手下留情换来的却是更进一步的妄想,走投无路之下刘荆只好自杀。

执念
当皇帝

理由
长相像先帝

经过
一次欲反,被镇压;
二次欲反,被戳穿;
三次欲反,被举报;
四次欲反,被查处

结果
四面楚歌,绝望自杀

光武帝刘秀的第九个儿子叫刘荆(?—68年),母亲是光烈皇后阴丽华。刘荆风度翩翩,很有才华,但心胸狭窄,好高骛远。建武十五年(39年),光武帝封其为山阳公,建武十七年(41年)又晋爵为王。

汉明帝继位后,刘荆派人冒充大鸿胪郭况,也就是废太子东海王刘疆的舅舅,写信给刘疆,撺掇他举兵造反以夺天下。刘疆接到后马上将送信人捆起来,押送到京城,交给朝廷调查。

汉明帝很快查清了幕后主谋,但念及刘荆是自己的同母兄弟,没有下令捕捉,只派人严密注视他的一举一动。刘荆胆战心惊地观望了一段时间,见汉明帝那边没有动静,反而野心更盛,决定伺机而起。

永平元年(58年),羌人造反,刘荆觉得

广陵王玺金印及印文
印体呈正方形,上立龟钮,龟首扬起,龟足撑地,龟背铸有六角形图案,龟甲边缘、双眼、四足等部位錾有圆珠纹。印面阴刻篆文"广陵王玺"四字,布局疏密有致,字体端庄凝重,刀法遒劲老练,是汉印中的珍品。

遁迹

遁迹知安住，沾襟欲奈何。
朝廷犹礼乐，郡邑忍干戈。
华马凭谁问，胡尘自此多。
因思汉明帝，中夜忆廉颇。

——唐·罗隐

时机来了，想趁此机会发动叛乱，结果被朝廷获知，汉明帝不忍心同室操戈，再次放过刘荆，封他为广陵王，并送出洛阳城。

根据史书记载，汉朝时的广陵国是分封的诸侯国，范围在今扬州含江都和高邮一带，风景优美，物产丰富，汉武帝刘彻的儿子刘胥是第一代广陵王。可是，被封为广陵王的刘荆并没有感激明帝的不杀之恩，反而因自己被赶出洛阳城而心中愤愤不平。

有一天，他私下问相士："我的外貌最像先帝，先帝30岁当上皇帝，我今年也30岁，可以起兵争天下吗？"谁知这些话很快传到明帝耳中，刘荆自知罪不可赦，跑到监狱将自己关了起来。

汉明帝见刘荆主动认错，又一次放过他，仅裁减了他的卫队和随从，并在圣旨里改称"广陵王"为"广陵侯"。然而，刘荆并没有吸取教训，没过多久又蠢蠢欲动，甚至指派巫师祭祀诅咒汉明帝，结果事情再次败露。这一回，朝中大臣纷纷上奏，请求汉明帝维护天子尊严，严惩刘荆。

永平十年（67年），刘荆走投无路，选择了自杀。汉明帝将广陵国改为广陵郡，将刘荆的后代降为侯。

临雍拜老

出自16世纪《帝鉴图说》。讲述汉明帝刘庄亲自到辟雍（汉代的京师太学）举行百老礼，封李躬为三老（有德望、有爵位的老人），自己的老师桓荣为五更（庶人及效忠国事而死者的父祖），并带领弟子们一起讲经辩论。

69年

永平十二年，议修汴渠，乃引见景。景陈其利害，帝善之。

——《后汉书·王景传》

王景治黄河

被称为"母亲河"的黄河，在造福百姓的同时，也时常泛滥，给万民带来深重的灾难。谁能担当起昔日大禹之重任？这一次，汉明帝选中了王景。

背景
黄河泛滥成灾60多年

治理者
东汉水利工程专家王景

具体举措
治理支流汴渠，修筑千里堤防

治理结果
其后800多年里，黄河没有发生大改道，决溢次数也不多

后世评价
王景治河千年无患

祖辈风骨，传承不断

汉明帝继位后，一直采取宽松治国、息兵养民的政策，因此吏治清明，国内安定，唯有泛滥了60多年的黄河不知该如何治理。为了解决这件迫在眉睫的大事，汉明帝广招贤才，有人举荐了多才多艺的王景。

王景（约30年—85年），字仲通，祖辈原籍在琅琊郡不其县（今山东青岛崂山区北），八世祖王仲通晓道术，善观天象。西汉吕后当政时，因不愿受牵连，举家迁到乐浪郡䛬邯（今朝鲜平壤西北），在那里定居下来。

王景的父亲王闳是乐浪郡三老，在当地颇有名望。更始年间，当地人王调杀掉郡守，自封为大将

画像砖
出土于四川成都的一个豪门汉墓内壁，墓主人是当地一个有着影响力的汉族官员，从画像砖上可以看出他的殷实家境：气派的带围墙庭院、几进出的居房、高高的瞭望塔、忙碌的厨房、珍稀的家鹤、争斗的公鸡及劳作的奴仆，而主人和客人则悠闲地坐在庭院内喝茶。

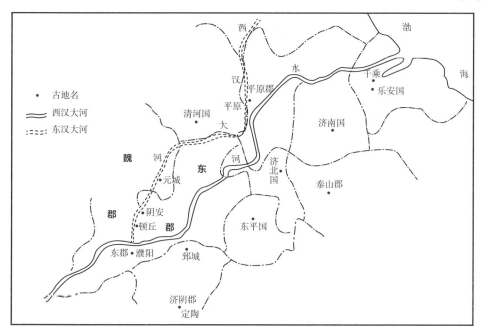

王景治河后的黄河流路

军、乐浪太守。建武六年（30年），光武帝派王遵前往乐浪郡讨伐王调。王闳与曹史、杨邑合计，杀了叛贼王调，迎接王遵的到来。光武帝论功行赏，将三人封为列侯，王闳推辞不受。光武帝认为王闳是位高人，坚持邀请他出来做官，没想到，最后却在上任途中病逝。

王景从小受祖辈影响，对《周易》《山海经》以及天文历法、算术等自然科学很感兴趣，并且见多识广，掌握很多实际生活所需的技艺。永平元年（58年）前后，王景经人推荐，担任朝中司空属官，在水利方面展现出非凡的才能。

黄河此次的失控源于西汉的汉平帝时期。当时，黄河与汴渠同时决口却拖延未修，导致两岸百姓饱受水患之苦。到了光武帝时期，朝廷本打算修复堤防，刚动工不久即有人上奏民力不足，只得暂停下来。后来，汴渠向东泛滥，兖、豫二州(今河南、山东一带)百姓苦不堪言。

于是，汉明帝派王景协助王吴，先疏通、治理浚仪渠。王景经过几天几夜的观察，提议采用"堨流法"，修筑堰坝来进行治理，结果证明非常有效。

治理汴渠，筑堤黄河

永平十二年(69年)，汉明帝召见王景，询问治理黄河的方法。王景应答如流，见解精辟。汉明帝听得连连颔首，对其大为赞赏，赐予《山海经》《河渠书》《禹贡图》等专著，号令兵夫数十万人，由王吴做王景的助手，开始治理汴渠。

汴渠是黄河的一条支流，主干以今开封为中心，连接黄河与淮河，从郑州西北引黄河，经过开封、商丘、虞城、砀山、萧县，至徐州入泗水，再入淮河。这条支流自战国时起便是南北水运交通的大动脉，后因黄河长期泛滥，渠道多处淤塞，导致无法全线通航。

王景到了当地立即投入工作，开始亲自勘测地形，规划堤线，制订修整计划。由于黄河流势经常变化，如何保持渠水稳定是亟待解决的一大难题。汴渠位于黄河以南平原地区，在黄河南泛时经常被冲毁，在黄河汛期时又因引水口控制不好，致使进入渠内的流水过多，堤岸随时会溃决。

通过分析勘测的数据，王景决定打算利用水往低处流的特性，改变黄河的河道，将河水引到地势低洼的地方，设法注入大海，同时还可以在沿岸修筑堤坝和水闸，利用河水灌溉田地。于是，他决定先修筑长达千余里的黄河堤防，从荥阳（今郑州北）修到千乘海口（今山东利津境内），使河、汴分流，黄河由东北入海，汴渠由东南入泗水。

王景一边勘测，一边寻访住在汴渠的老人家，虚心听取他们的看法和

东汉·陶部曲俑

此俑身穿短襦，交领右衽，左手执箕，右手执铲，腰佩环首刀，是东汉豪强大族私家武装部曲或家丁的生动写照。公元39年，东汉光武帝刘秀实行度田的新举措后，豪强大族的私家武装变成定期召集农民组成，称为"部曲"。每当春季青黄不接或冬季寒冻时，田庄主往往纠集一部分农民修门户、警设守备，防御春饥草窃之寇；或修缮五兵，练习战射，防备寒冻穷厄之寇。后来豪强大族的这种私人武装规模遂渐扩大，按军队编制组成部曲，招兵买马，扩充军备，独霸一方，从而形成地方的分裂割据势力。

意见，最后采用"裁弯取直、疏浚浅滩、加固险段"等措施，随后又"十里立一水门，令更相洄注，无复溃漏之患"。

一年过去，王景完成了治理汴渠的全部工程。由于此项工程耗资巨大，为了检验治理成效，证明花费所值，汉明帝亲自沿渠巡视，看到泛滥数十年的洪灾平息了，汴渠重新通航，曾被淹没的耕地又种上了庄稼，心里大为高兴，立即下令恢复河防官员编制，王景连升三级成为侍御史，王吴等随从官员也因修渠有功而升迁一级。

永平十五年（72年），王景跟着汉明帝东巡。一路上，汉明帝再次被治水工程带来防洪、航运及稳定河道等巨大成效所震惊，为了嘉奖王景，特意任用他为"河堤谒者"。自从王景治理了黄河与汴渠，在其后八九百年的史书上极少见到有关黄河改道的记载。

汉明帝爱惜郎官

出自16世纪《帝鉴图说》。讲述馆陶公主为子求郎官一职，汉明帝刘庄不许，而赐钱千万。汉明帝说，天上有个郎位星，与郎官相对应，因此这个官职是非常重要的，如果用错了人，就会遗患无穷。

73年—102年

超乃顺风纵火,前后鼓噪。虏众惊乱,超手格杀三人,吏兵斩其使及从士三十余级,余众百许人悉烧死。

——《后汉书·班梁列传》

定远侯安西域

书香门第却不乏忠勇之士,比如被敕封定远侯的班超。班超原是一介书生,但当他的执笔之手握定长剑遥指西域,竟然能凭寥寥数人成功降服数十个国家——东汉的班氏一族确实人才辈出,文武兼备。

主要官职

西域都护,射声校尉

历史地位

东汉的军事家、外交家

主要成就

出使西域30多年,平定了西域50多个国家;促进了民族融合

家族成员

父亲班彪,兄长班固,妹妹班昭,儿子班雄、班勇

逸事典故

投笔从戎;不入虎穴,焉得虎子

孤军深入,收服鄯善

班彪是个很有学问的人,当年光武帝安排他整理西汉历史,以便让后人总结历史经验教训。班彪接受任命后,每天夜以继日地工作,但因工作量巨大,直到去世也没能把这部史书编写出来。他的两个儿子班固和班超先后任职兰台令史,哥哥班固性情敦厚,理想是成为司马迁那样的史学家;弟弟班超文武双全,活泼好动,理想是成为张骞那样的大使。班彪还有一个女儿叫班昭,平时经常帮着两位哥哥抄抄写写。

有一天,兄妹三人谈论卫青、霍去病征讨匈奴的历史,正好当时匈奴又笼络了西域的几个国家,经常掠夺大汉边境的百姓。班超扔掉手里的

班超像

班超(32年—102年),字仲升,扶风郡平陵县(今陕西咸阳东北)人。东汉时期著名军事家、外交家。史学家班彪的幼子,其长兄班固、妹妹班昭也是著名史学家。班超为人有大志,不甘于为官府抄写文书,投笔从戎,随窦固出击北匈奴,又奉命出使西域,在31年的时间里,平定了西域50多个国家,为西域回归、促进民族融合,做出了巨大贡献。

东汉

> 班超
>
> 功名从古病难成，
> 况作天西绝域行。
> 纵有平陵同落落，
> 其如卫侯尚营营。
> 杀妻吴起终遭逐，
> 上疏鸿卿不免刑。
> 定远独能逢圣主，
> 千年万岁蔼嘉声。
> ——北宋·邹浩

笔，跪下来请求哥哥："大丈夫应该像张骞、卫青那样到边塞奋勇杀敌！小弟心意已决，决心跟随大将军到塞外去立功，父亲未了的心愿就靠你们完成了！"

当时，朝廷掌管兵权的是窦融的侄子窦固，班超跟着他出击匈奴，立下战功，受到重用。窦固计划用以前汉武帝的办法，先笼络西域，再彻底对付匈奴。永平十六年（73年），他派班超为使者，和从事郭恂一起，带着随从和礼物去结交西域的鄯善（今新疆维吾尔自治区南部）。

已经归附匈奴的鄯善虽然每年纳税进贡，但总被匈奴勒索财物。鄯善王早已心存不满，见到远道而来的大汉使者，立刻非常热情地招待一行人。过了几天，鄯善王的态度突然变得冷淡，供给的食物也只是应付了事。

警觉的班超料想一定是匈奴的使者到了，鄯善王怕得罪对方，因此故意冷淡他们。班超问起负责招待汉使的官员："匈奴使者来几天了？住在什么地方？"那个鄯善人以为班超什么都知道了，回答道："来了3天，住的地方离这有30里地。"

班超派人看住鄯善官员，以免他回去透露风声，然后召集36个随从，发出号令："我们来到这么远的地方就是要立功报国，现在匈奴使者才到了几天，鄯善王的态度就变了！如果他把咱们抓起来送给匈奴，恐怕我们连尸骨都回不去家乡。现在只有一个办法，'不入虎穴，焉得虎子'。我们趁着夜深，攻进匈奴使者的营地，将他们全部杀掉。到那时，鄯善王能不归顺大汉吗？大丈夫立功就在当下！"

那天晚上刮起了大风，班超吩咐10个人带着大鼓躲在匈奴使者的帐篷后面，20个人埋伏在营门两侧，自己带着余下6人去放火。大火燃起来以后，10个人擂鼓大喊，班超率人杀进匈奴

东汉·陶马

红陶质，身体比例匀称，全身轮廓优美，肌肉富有弹性。马首稍稍左偏，张口嘶鸣，双目圆睁，微微颔首，风姿矫健，躯体硕壮。它的四蹄，迈着"对侧步"，也就是同一侧的前后两肢，一起前迈、拖后。奔跑时，同侧两蹄一齐离地和落地，左右两侧交替进行。据说，这种迈着对侧步的马匹在汉代骑兵部队中广泛使用，它跑起来不但不减速，人骑着也更加平稳。

克孜尔千佛洞壁画
位于新疆拜城县克孜尔镇东南7千米明屋塔格山的悬崖上,中国佛教石窟,共有236窟,大部分塑像都已被毁,还有81窟存有精美壁画,为古代龟兹国的文化遗存。本图描绘了来自吐火罗的进贡者的壁画。吐火罗是原始印欧人地处最东的一支民族,聚居在新疆塔里木盆地一带。

大营,从梦中惊醒的匈奴人还没明白发生什么事就身首异处了。经此一战,鄯善王立刻归附大汉,并叫儿子跟着班超去洛阳学习汉朝文化。

于阗称臣,余者归汉

班超回到洛阳后,窦固向汉明帝奏明事情的经过。汉明帝非常高兴,为班超一行人封赏后,又派他去结交于阗,还吩咐要多带一些随从。班超认为宣扬威德不在人多,若真出了岔子,多带几百人也不顶事。因此,他仍然率领着那36位勇士,千里迢迢穿过鄯善,到

东汉与西域各国之战(班超回国之前)

时间	将兵之人	参加各国及各部
永平十六年(73年)	窦固、耿忠	击败北匈奴于蒲类海(今新疆巴里坤湖),攻占战略要地伊吾卢,并派班超等人出使西域,降鄯善,制于阗,袭疏勒
永平十七年(74年)	窦固、耿秉	再次破北匈奴白山部于蒲类海,并降服车师前、后部,重设西域都护和戊、己二校尉
永平十八年(75年)	段彭	焉耆、龟兹攻杀都护,车师复叛,北匈奴围耿忠,汉军与鄯善会师,破交河城,北匈奴逃走,车师前国再降,班超再定疏勒,只身经营西域
建初三年(78年)	班超	统率于阗、康居、疏勒、拘弥等国攻破姑墨(今新疆温宿、阿克苏一带),孤立于龟兹
元和元年(84年)	班超	率疏勒、于阗兵,攻莎车,因疏勒王和康居王叛汉,莎车半年不克
章和元年(87年)	班超	莎车战败投降,龟兹等国援兵退
永元元年至三年(89—91年)	窦宪、班超	北匈奴被迫西迁,随后班超又击退大月氏,最终龟兹、姑墨、温宿等归汉,再设西域都护及戊、己校尉
永元六年(94年)	班超	征调龟兹、鄯善等八国兵力征讨焉耆、尉犁、危须三国,取胜,西域大小50余国归汉

达了于阗。

于阗王广德受到匈奴人的控制，不敢迎接汉使，可又听说班超很厉害，只好硬着头皮出来接见，态度十分冷漠。回宫以后，他叫来巫师，询问究竟是归附匈奴还是归附大汉。巫师说道："天神厌恶汉使，必须杀了汉使的马泄怒！"

于阗王赶紧派人来要马，班超早已听说此事，他对来人说："不知天神想要哪匹马？还是请巫师自己来挑选吧！"

那位巫师果真亲自前来挑马，班超趁其不备，拔剑砍掉他的首级，提着去见于阗王。于阗王一见，当晚就派人杀掉刚刚到达于阗的匈奴军官，将人头献给班超，并提出向大汉称臣，也要派儿子去洛阳学习。

鄯善和于阗是西域的大国，他们归附大汉后，一些像疏勒（今新疆维吾尔自治区喀什噶尔）这样的小国，也纷纷跟着归顺大汉，西域与汉朝断绝65年的联系终于恢复了。班超派人

甘肃嘉峪关悬壁长城"丝绸古道"雕塑群之班超像

和林格尔汉墓壁画

1971年在内蒙古和林格尔县出土，位于乌兰察布市和林格尔县新店子乡境内的一座土山上，墓壁、墓顶及甬道两侧有壁画50多幅，榜题250多项。这是中国考古发掘迄今所见榜题最多的汉代壁画。这些壁画形象地反映出东汉时期中国北方多民族居住地区的阶级关系、民族关系和社会生活面貌。从壁画内容及榜题得知，墓主为东汉王朝派到北方民族杂居地区的最高官员——使持节护乌桓校尉。此组壁画中，有不少乌桓、鲜卑人物形象。

向窦固禀告最新动态，窦固让他留在疏勒，方便就近帮助西域各国抵抗匈奴。

永平十八年（75年），班超决定用计征服塔里木大沙漠北部的龟兹国。他先让手下绑架了龟兹王的亲信兜题，果如班超所料，龟兹王没有前来搭救。过了几天，他将兜题放回龟兹，故意造成兜题与龟兹王之间的隔阂和仇恨。可是，还没有等到结果，驻扎在焉耆（今新疆维吾尔自治区焉耆回族自治县附近）的窦固手下出事了。焉耆大军打败汉军，包括副都尉郭恂在内的2000多名将士全部被杀。更糟糕的是，汉明帝此时驾崩了！如此一来，班超变得孤立无援，处境非常危险。可是即便如此，他仍然坚守在西域，维护大汉边境安全。

征战西域，将军封侯

汉章帝登基后，一些大臣上奏，说把军队驻扎在那么远的地方，花费多收益少，应该撤回来。于是，汉章帝下诏，撤回驻扎在西域的兵马。

班超接到诏书，准备动身回朝。疏勒国的官民得到消息，担心匈奴卷土重来，一位疏勒将军流着泪说："汉朝抛弃了我们，匈奴来犯我们用什么抵挡，既然横竖都是死，不如现在就死！"说完拔剑自刎。

班超默然上路，在经过于阗的时候，于阗王带着臣民拦住他们，抱着马腿不放。班超只好暂时住下来，上书汉章帝："西域官民将大汉的天子当作靠山，如果臣听命回去，他们失去依靠，只能再去投降匈奴，侵犯中原。"汉章帝接到班超的奏章，觉得很有道理，便收回成命。

建初三年（78年），班超率领归附的西域各国攻破姑墨石城（今新疆温宿城西北）。接着，他又在汉章帝的支持下，击破莎车（今新疆莎车）、疏勒的叛将，与乌孙联合进攻龟兹。班超给

甘英止步波斯湾

甘英是史书记载第一个到达波斯湾的中国人。永元九年（97年），他奉班超之命出使大秦，也就是当时的罗马帝国。一行人从龟兹出发，西行至疏勒，经大宛、大月氏，到达了安息西界的西海（今波斯湾）沿岸，准备渡海前行。安息人一直垄断汉朝的丝织品向大秦兜售，获取暴利。于是，安息人故意描述海上航行的恐怖，说每艘要过海的船只都得带上3年的粮食；在大海上很容易产生思乡之情，直到积郁成疾死在海上。甘英在内陆出生，对海洋及海上航行知识了解很少，归来后他在奏折中说："途经大海，海水咸苦不可食。"

班超

人生适意在家山，
万里封侯老未还。
燕颔虎头成底事，
但求生入玉门关。

——宋·徐钧

汉章帝写了奏折，表明自己留在西域击败匈奴的决心。汉章帝读罢，忍不住赞叹："班超真是一位深入虎穴的大将军！班氏一家皆为千古奇才，朕能有他们乃是福之幸之！"

建初八年（83年），汉章帝任命班超为将兵长史。在此后的数年时间里，班超先后降服了莎车、月氏、龟兹、温宿等国，西域诸国已多半归降汉朝，班超被任命为都护。

永元六年（94年），班超讨平焉耆、危须（今新疆焉耆回族自治县东北）、尉犁（今新疆库尔勒城南）。至此，他在西域征战20多年，没有动用中原的军力物力就使西域50多个国家均归附于汉。第二年，班超被汉和帝刘肇封为定远侯。

永元十四年（102年），汉和帝召班超回京，将其封为射声校尉。班超本来患有胸疾，再经过旅途劳顿，回到洛阳就病倒了，当年九月病逝，享年71岁。

龟兹古城遗址

龟兹国古城位于库车县城西约两千米的皮朗村。龟兹为中国古代西域大国都城，东汉和帝永元三年（91年）班超任都护时曾迁西域都护府于龟兹。唐贞观二十二年（648年）和唐显庆二年（657年）曾两度设安西都护府于龟兹，辖4镇、16府、72州之地。

75年—76年

（耿恭）少孤。慷慨多大略，有将帅才。

——《后汉书·耿传·附耿恭》

耿恭智守孤城

面对数万大军，只有微弱兵力的耿恭凿山打井，煮食弓弩，经年累月，尽耗心血，忠勇俱全，不辱国誉。由他指挥的疏勒城艰苦一战，足令闻者动容、涕然泪下。

时间

75年—76年

战役

疏勒城保卫战

指挥官

东汉：耿恭；
北匈奴：左鹿蠡王

参战人数

东汉：不到600人；
北匈奴：2万人

战斗结果

左鹿蠡王撤军；
耿恭部仅余26人，城在人在

后世典故

耿恭拜井

数百人对阵两万铁骑

耿恭，生卒年不详，字伯宗，扶风茂陵（今陕西兴平东北）人，东汉开国名将耿弇的弟弟耿广之子。耿恭生长在将相之家，他的祖父与五个叔伯都是东汉的开国将领，为东汉的建立与崛起立下汗马功劳。受家族的影响，耿恭性格慷慨，多有谋略。

永平十七年（74年），骑都尉刘张请耿恭担任司马，与奉车都尉窦固、驸马都尉耿秉一起，出兵攻打车师国。此战获得了胜利，朝廷决定任命陈睦为西域都护，任命耿恭为戊己校尉，屯兵金蒲城（今新疆奇台西北）；关宠为戊己校尉，屯兵柳中城（今新疆艾丁湖东北），每个驻屯地各设数百人。

永平十八年（75年），两万北匈奴骑兵在左鹿蠡王的率领下，直逼车（jū）师后国。车师后国的王安得明知不是匈奴人的对手，仍然亲率大军迎战，同时向耿恭的屯垦兵团求救。

耿恭兵团虽然只有数百人，仍然派出300人前去支援车师后国。

没料到，300勇士在半途中遇到大批匈奴骑兵，因敌众我寡，

东汉·鎏金铜龙头饰

最终无一人投降，无一人被俘，全部战死。随后，这支骑兵又冲向车师后国，大破车师军队，车师后王安得战死。转而，匈奴骑兵朝着耿恭所在的金蒲城奔来。

如果按照史书记载的数百人，耿恭的兵力最多不过900人，除去前往支援车师后国战死的300人，金蒲城所剩兵力最多不会超过600人，怎样才能抵住匈奴的两万铁骑？

足智多谋的耿恭并没有乱了阵脚，他很快制出一种毒药，让士兵们将毒药抹在箭镞上。这种毒药并不会令人致命，但中箭的伤口会出现可怕的变化，令伤者痛不欲生。耿恭站在城头上，冲着匈奴兵大喊："让你们见识见识威力无比的汉家神箭！"

当匈奴开始强攻时，耿恭下令数百张强弩同时发射，密如牛毛的毒箭顿时飞向匈奴大军。中箭的匈奴兵立时觉得伤口炙热无比，一个个哀号不已。左鹿蠡王大惊失色，急忙下令收兵。

耿恭知道这只是缓兵之计，得赶紧想办法给匈奴军在心理上制造更大的压力。他思索再三，终于下定决心：夜袭匈奴营！当夜，天降大雨。耿恭带着全体兵士，借助暴风雨的掩护，迅速冲进匈奴营奋力砍杀，猝不及防的匈奴兵连武器都来不及拿就成了刀下之鬼。

等到左鹿蠡王接到消息时，汉军已经撤走很远了，这次突袭使他失去了自信，决定先清理车师后国境内的反匈奴力量，待到势力巩固以后再回来对付耿恭。

东汉·铜虎符
西汉时中央对地方控制力强，调兵权掌握在皇帝手中。东汉地方统兵权逐渐合一，虎符制度就逐渐断了。

东汉/魏晋·半袖绮衣
现藏于新疆维吾尔自治区博物馆。此为童装，出土时右部分已残缺，但款式新颖别致，颜色艳丽，搭配相宜，突出较强的视觉效果。尼雅文物和楼兰壁画中都可以见到类似的服饰。此类服饰反映了当时游牧民族的生活习俗。

水与严寒之战

金蒲城的守备条件一般,耿恭必须在匈奴杀回之前,另选一处可以长期坚守的地方。经过多次考察,他最终确定选择了城体坚固的疏勒城,而且疏勒城外有一条小河流,可以为城内补充水源。当年入夏,耿恭率领不多的兵力来到疏勒城,一边储备粮物,一边修缮防护,同时还招募数千名车师人担任守城兵。

两个月后,斗志昂扬的左鹿蠡王果然率兵来到疏勒城下。耿恭决定先下手为强,他率领招募的数千守城兵出城迎战。左鹿蠡王没料到一下子出来这么多汉军,立即带兵撤退,静观局势。

后来,匈奴人发现汉军不过是临时组建的军队,便开始慢慢向疏勒城靠拢发动进攻。因城体坚固,匈奴久攻不下,于是打起了水源的主意,他们在上游堵塞水流,使小河改向。当时正值盛夏,城内饮水全有赖于那条河流,耿恭立刻下令节约用水,同时在城内挖井,希望能够挖到地下水。

数千人的用水量非常巨大,几天工夫水就用光了,挖掘的几处水井却没冒出一滴水,很多挖掘工人活活渴死在施工现场。为了生存,耿恭带头喝下所有可以喝的东西:汗水、人尿、马尿,甚至从马粪中榨取水汁。

耿恭亲自挖井,一直挖到50米深,也没见出现水源。他相信老天会庇佑大汉,郑重其事地对井而拜,然后继续下井深挖,终于见到一股清泉喷涌而出。

左鹿蠡王听说了这件事,以为汉军有神明相助,只得带着匈奴兵去联合焉耆国与龟兹国,转战车师前国,大胜西域都护陈睦,开始围攻柳中城关宠的屯垦汉军。那时候,从疏勒城与柳中城发出的告急求援信如雪片般传到洛阳。然而,由于新君继位,援救西域之事一再被推延。

车师前、后国被迫投降匈奴,并与匈奴联合,再次向疏勒城发兵,却被

东汉·胡汉交战画像石拓片
出自山东苍山东汉墓。两汉时与匈奴之间的战争相对频繁,很多人也是借此建立了功名与荣耀,因而"胡汉交战"就成为画像石的题材之一。此画表现了汉军与匈奴士兵激烈厮杀的场景。持矛的汉骑兵、持刀和盾的汉步兵、搭弓欲射的胡兵、跪地乞降的胡兵及桥下捕鱼的渔夫,刻画得从容不迫,有条不紊。

东汉·陶跪男俑

男俑跪坐,身体前倾,面含微笑,头戴软帽,身穿小圆领、斜襟、右衽袍,左右手均握起似在劳作。此器造型生动,反映了东汉时期富贵人家用人们的生活。

耿恭屡屡挫败。由于车师军被迫性地加入战斗,车师后王的夫人又有汉人血统,因此经常派遣心腹暗中帮助耿恭,告知匈奴人的作战计划,有时还偷偷派人送去一些粮食。

然而,暗地里的帮助毕竟是有限的。很快,食物又成了疏勒城的一大严峻问题。当时的守军需要一切能吃的东西,从老鼠与昆虫,再到动物皮制作的皮甲,弓弩上的皮革,全煮了吃。

北匈奴单于非常佩服耿恭的坚韧,派使臣到疏勒城劝降,并许以高官厚禄。耿恭假意答应,将使臣骗上城头,当着匈奴大军的面,一刀结果了其性命,他怒喊道:"劝降者,如同此人!"北匈奴单于掀起了又一轮凶猛的进攻,双方继续陷入僵持之中。

几个月过去,冬天来了。可是,汉军御寒的皮衣基本全吃了,如果没有冬衣,后果将不堪设想。于是,耿恭派心腹范羌到距离西域最近的敦煌筹集冬衣,并计划招募当地一些勇士运送回来。

最后13名勇士

远在洛阳,汉章帝终于开始商议援救戊己校尉耿恭与关宠之事。有的大臣说新君初立不宜远征,司徒鲍昱反驳

新疆柯坪县启浪古城

此处是丝绸之路北道的必经之地,汉代从龟兹国到疏勒国,东来西往的商队、使者、军事人员,在此经过补给再前行。唐代以后由于图木舒克地区建立尉头州,所以此地又成了尉头州的东大门。该遗址面积很大,残存建筑物功能复杂,有民用建筑、军事建筑、宗教建筑、农垦遗址等,至今仍为一处新疆少有的参观、研究、探险的重要景点。

道:"西域将士为了保家卫国,远离中原,置生死于度外,如今情势危急,朝廷若不施救,倘若日后匈奴再来侵犯,谁还能义无反顾地出征?现在,耿、关两部人数都不足百人,北匈奴却久攻不下,由此可知他们的战斗力并不怎么样。皇上可以命敦煌和酒泉的太守,各自率领2000精兵,昼夜兼程前去援救,臣认为40天即可完成救援。"

于是,酒泉太守段彭、谒者王蒙、皇甫援率领张掖、酒泉、敦煌三郡以及鄯善国军队共7000人,与筹集完冬衣的范羌一起,向西域出发。

援军到达柳中城的时候,已经是建初元年(76年)的正月。关宠经过数月艰苦卓绝的守城战,已经心力交瘁,在见到援军的那一刻一病不起,死在了军中。段彭指挥人马大破车师前国,北匈奴见援军战斗力旺盛,未敢交锋就逃走了。

接着,汉军要去营救疏勒城的耿恭。王蒙认为援军经过长途跋涉后,刚打完一场大战,体力消耗巨大,而疏勒城远在数百里之外,还必须得翻越白雪皑皑的天山,何况目前形势尚不可知,也许疏勒城已被匈奴攻破,耿恭等人全体遇难。如果前去救援,恐怕在路上损失的人数,要比救出来的人数还多,值

东汉·角手像
即为今天所说的"相扑手",发髻高束,着短兜裆,长脚套。角力据说源自蚩尤,是中国最古老的格斗形式之一,深受国人喜爱。

得去救吗?

范羌跪在地上痛哭着请求援军无论如何也要去解救疏勒城的战士,最后,他率领2000名勇士,即刻翻越天山,前往疏勒城营救。

援军到达疏勒城的时候,整座城只剩下最后26人了。匈奴人已被严寒逼走,他们知道城内的汉军没有食物没有冬衣,即使意志再坚强,也抵不过寒冷和饥饿。

远远望去,耿恭以为匈奴军又来了,让大家严阵以待,因为也许这是最后一战了。突然,远处传来范羌的高喊:"耿校尉——援军到了!"耿恭与手下顿时相拥而泣。

第二天,耿恭与他的25位将士终于踏上返乡之程。北匈奴单于得到消息,派骑兵火速追击汉军。耿恭率领将士一边还击一边前进,历经千辛万苦,才算摆脱了匈奴人的追击。两个月后到达玉门关时,这支部队只剩下了13人。

汉章帝将耿恭升为骑都尉,并下诏罢除西域都护与戊己校尉的编制,召回驻扎在伊吾卢的屯垦部队。那时,仅班超没有奉诏回国,孤身留在西域继续驻守。

79年

> 于是下太常将、大夫、博士、议郎、郎官及诸生、诸儒会白虎观,讲议"五经"同异……帝亲称制临决,如孝宣甘露、石渠故事,作《白虎议奏》。
>
> ——《后汉书·章帝纪》

白虎观会议

影响中国数千年的儒家学说并非一蹴而就,而是在长期发展的历程中一点点丰实起来的,有分歧、有统一,有非议、有支持,有辨析、有融合。白虎观会议就是从分歧到统一的一次全面梳理。

时间
79年

地点
洛阳白虎观

主要人物
刘炟、魏应、淳于恭、贾逵、班固、杨终等儒生

历史背景
对儒经解释各异见解不同

会议目的
统一儒家学说

会议结果
肯定"三纲六纪",将"君为臣纲"列为三纲之首,并把谶纬迷信与儒家经典糅合起来,使儒家思想进一步神学化

自从汉武帝采取"罢黜百家,独崇儒术"的政策以后,攻读儒经成为进入仕途必修之道。不过刚开始时,有名的儒家学派均在大学设有讲座,称为"学官",并不是只有《诗》《书》《礼》《易》《春秋》五经。

后来,汉武帝设立五经博士,赐以官禄。渐渐地,传业者越来越多,分派分支也越来越多,对经义的解释各有所异,开始了帮派之争。甘露三年(前51年),汉宣帝为了统一儒家学说,加强思想统治,在石渠阁召集20多位儒生讲论五经异同,由他本人亲自裁决评判,并将讲论的奏疏汇集成《石渠论》,成为国教化的儒经标杆。

汉朝时,中原民众非常相信巫师、方士等

汉章帝像
汉章帝刘炟(56年—88年),汉明帝刘庄第五子,东汉第三位皇帝。年少宽容,爱好儒术,政宽刑疏,禁除酷刑。即位后,励精图治,注重农桑,兴修水利,减轻徭役,衣食朴素,实行"与民休息",使得东汉经济、文化在此时得到很大的发展。刘炟还两度派班超出使西域,使得西域地区重新称藩于汉。但他过于放纵外戚,导致汉和帝时外戚专权,种下日后外戚专权和宦官专政的祸根。

人，他们为朝代兴亡暗示吉凶征兆的预言，称作"谶"。建武中元元年（56年），光武帝宣布图谶于天下，将儒家经义与谶纬等迷信思想相结合，使过去的预言与儒经交融，形成独特的国教化"儒术"。

但是，毕竟各儒学学派传承不同，没过多久人家又有了分歧，对于儒经内容再起争议。为了巩固儒家思想在治理国家时的统治地位，将儒学与谶纬之学结合得更加天衣无缝，建初四年（79年），汉章帝按照议郎杨终的建议，模仿西汉时期石渠阁会议的形式，召集全国各地有名的儒生及诸王，聚集于洛阳白虎观，讨论五经异同。

这次会议由汉章帝亲自主持，参加的官员有魏应、淳于恭、贾逵、班固、杨终等人。先由五官中郎将魏应代表汉章帝发问，然后各儒生围绕问题加以讨论，形成共识后，由侍中淳于恭总结并陈述给汉章帝，最后由汉章帝决定对该答案是否满意。

会议连续举行了一个多月，将谶纬学说与经学融合在一起，使儒学进一步神化。会议结束后，汉章帝令班固将会议讨论结果加以总结，编写成四卷的《白虎通义》，作为官方典籍公布。

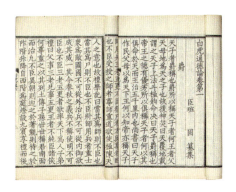

《白虎通义》书影

清徐乃昌覆元大德刻本。《白虎通义》是中国汉代讲论五经同异，统一今文经义的一部重要著作。由班固等人根据汉章帝建初四年（79年）经学辩论的结果撰集而成。内容以神秘化了的阴阳、五行为基础，解释自然、社会、伦理、人生和日常生活的种种现象，对宋明理学的人性论产生了一定影响。

《白虎通义》内容简介

提要	内容
书名含义	由白虎观会议所形成的统一的、通行于天下的儒家经学之大义
认识论基础	宗教神学的唯心主义
主要内容	宣扬维护封建统治的三纲、五常、六纪
思想基础	董仲舒的"天人感应"神学
世界观	继承董仲舒今文经学的神学目的论基础上又大量吸收谶纬神学思想而建立起来的神学世界观
分析方法	阴阳五行
后世影响	一是桎梏了人们的思想和行为，二是宣告了经学的枯竭，标志着经学的没落和衰败

> ? —88年

僖以吏捕方至，恐诛，乃上书肃宗自讼……帝始亦无罪僖等意，及书奏，立诏勿问，拜僖兰台令史。

——《后汉书·孔僖传》

圣人之后，不失斯文

身为圣人之后，孔僖颇有先祖遗风：学识满腹，辩才出众，礼仪周全，行事斯文。难怪汉章帝对其十分欣赏，即便他偶尔犯下口祸，也能因祸得福，平稳化解。

家世背景
孔子第十九代孙

主要官职
兰台令史、临晋县令

历史地位
东汉的经学世家

特长
口才出众、学识满腹

后世典故
尊师重教

鲁国人孔僖（？—88年）为御史孔丰之子，字仲和，孔子第十九代孙。孔僖的曾祖父孔子建，年轻时曾游学长安，与崔篆相处甚好。当时正值王莽新朝，崔篆在朝中做官，邀请孔子建出仕做官。孔子建回绝道："我有做平民百姓的心愿，您有做官的志气，各人有各人的喜好，这样不是很好吗？既然所选之路不同，请就此分别。"说完，他便辞别崔篆回到家乡，再也没出远门。

孔僖颇有祖上之风，与崔篆之孙崔骃是好朋友，一起在太学读书。有一天学习《春秋》，二人读到吴王夫差的故事讨论起来。孔僖叹息道："这就是画虎不成反类犬啊！"崔骃则评论起汉武帝，刚继位时非常恭俭，后来就渐渐忘了初衷。

有一个叫梁郁的同学听到二人的谈论，暗地里告发他们诽谤先帝、讥讽当世。崔骃被抓去受审，孔僖担心

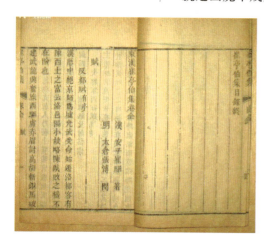

《崔亭伯集》书影
清光绪十八年（1892年）刻本。崔骃（？—92年），字亭伯，涿郡安平（今河北安平）人。自幼聪明过人，博学有大才，是中国东汉经学家、文学家。其专著多佚失，《崔亭伯集》为明人所辑。

东汉·儒学讲经图画像砖

经学在中国汉代独尊儒术后特指研究儒家经典,是中国古代学术的主体,用来解释其字面意义、阐明其蕴含义理。所谓儒学十三经,即周易、尚书、诗经、周礼、仪礼、礼记、春秋左传、春秋公羊传、春秋榖梁传、论语、孝经、尔雅、孟子。汉朝是经学最为昌盛的时代,朝野内外诵读经书蔚然成风,儒生通过司法实践和官学、私学的教育,移风易俗,把经学思想深深地植入了普通民众的生活之中。

自己因此事被诛,写了一封长奏折为自己和崔骃申辩。皇上看了奏折后,非常欣赏孔僖的文采及其思路清晰的辩论逻辑,原本也没有加罪他们的意思,便立即下诏免责,并任用孔僖为兰台令史。

元和二年(85年)春,汉章帝巡视东方,回来时经过鲁地,特地到阙里(今山东曲阜城内阙里街)朝拜,用牛祭祀孔子及其七十二弟子,并命人演奏黄帝、尧、舜、禹、汤、周六代的音乐,请儒者为众人讲解《论语》。

孔僖欣然道谢,汉章帝问:"今天的祭祀大会,可以说是你们孔氏的一种荣光吧?"

孔僖回答:"臣听说贤明的君主都能尊师重道,皇上作为天子亲临阙里,是向老师致敬,使圣德增辉,至于皇上所说的荣光,实在不敢承当。"

汉章帝笑道:"若非圣人之后,哪说得出这样得体的话啊!"于是,孔僖被任命为郎中。同年冬天又升为临晋县令。

临上任前,精于易学的崔骃用《家林》为孔僖占卜,劝阻道:"从卦象看前程不吉,你为何不辞官呢?"孔僖微笑着说:"一个人学习不是为了自己,做官也不能随性去挑选。人的吉凶在于自己,难道占卜能决定一切?"他做了三年的临晋县令,后来死于任上,遗体就葬在了当地。

东汉·御车图壁画(局部)

出自洛阳朱村东汉墓壁画,这是墓室壁画出行图中的第一乘导车。红棕色的马奋蹄昂首,张口翘尾,呈疾进之势。后面辕车之上坐三人,中为车手,手拉缰绳,左右各坐一位武士,持戈前望。场面简练,人物刻画精细,神形俱佳。

约57年—约86年

充好论说，始若诡异，终有理实……著《论衡》八十五篇，二十余万言，释物类同异，正时俗嫌疑。

——《后汉书·王充王符仲长统列传》

无神论绝著《论衡》

在一个全民皆信鬼神的年代里，他敢于力排众议，否认鬼神，制造了一个社会惊雷。王充，作为东汉历史上的思想先驱之一，才学满腹，毅力惊人，穷尽30年之力完成了这部伟大的《论衡》。

历史地位
哲学家、思想家、文学批评家

代表作品
《论衡》

主要思想
天自然无为；
天不能故生人；
神灭无鬼；
今胜于古

后世赞誉
中国最早的无神论者

王充（27年—约97年）字仲任，生于会稽上虞（今浙江上虞）。因父亲去世早，他很小便懂得照顾母亲，邻里乡亲都夸其孝顺。小王充很聪明，6岁就能读书写字，在书塾学习的时候，100多个学童中只有王充没有因为过错而被先生责罚。他的理解力和记忆力特别强，学什么都很快，读的书更是包罗万象，从不挑剔。

大约在建武二十年（44年），王充到洛阳的太学求学，做了班彪的弟子。因为没有钱买书，他经常到书斋翻阅那些出售的书籍，凭着自己过目不忘的能力，很快便通读了诸子百家的各种著作，令他思路大开，感触颇深。他认为诸子百家虽不是当下主流，但与儒经同样重要，甚至子书里的有些内容比经书更可靠。

回到家乡后，王充先是做了一位教书先生，后来被会稽郡征聘为功曹。洞察世事的王充在任期内多次劝谏长官，与上级争论，最终因意见不合而辞官回乡。

当时，受"谶纬之学"和"天人感应说"的影响，人们特别迷信，

王充像
王充（27年—约97年），字仲任，汉族，会稽上虞（今浙江上虞）人。东汉唯物主义哲学家、无神论者。其代表作《论衡》是中国历史上一部不朽的唯物主义哲学著作。他是汉代道家思想的重要传承者与发展者。

凡事都习惯用因果、鬼神来解释。王充非常反对神秘主义，认为世上根本没有鬼神，人们常常道听途说，不积极去了解各种事物的本质，就连朝廷重视的儒生也只会死读章句，体会不到书中的精髓和真谛。

于是，他谢绝了一切应酬专心著作，家中凡是他经常驻足的地方，刀和笔触手可及，方便随时记下所思所想所感，书房里到处都是一小堆一小堆的竹简——这样的日子过了约30年。

元和三年（86年），王充撰写的《论衡》问世了。这部共85篇、20多万字的"异书"，解释了物类的异同，纠正了当时人们对某些事物的疑惑，其中的《订鬼》更新了当时人们对鬼

东汉·弋射收获画像砖
出土于四川成都扬子山二号墓，现藏于中国国家博物馆。上图为弋射，下图为收获，反映了东汉时渔业和农业，具有浓郁的生活气息。

的认识。然而，因为书中"诋訾孔子（反叛儒家正统思想）""厚辱其先（揭露王充的祖辈）"，所以一经问世便遭到当时及后来很多封建统治者的攻击与禁锢。

《论衡》书影
东汉王充著。东汉时代，儒家思想在意识形态领域里占支配地位，但有着深厚的神秘主义色彩，掺进了谶纬学说，使儒学变成了"儒术"。在《论衡》中，王充充分利用科学知识这一武器，无情地批判了天人感应说和谶纬迷信。因此，《论衡》不但是我国古代思想史上一部划时代的杰作，而且也是我国古代科学史上极其重要的典籍。

奇书《论衡》

蔡邕某次在浙江偶然读到《论衡》，顿时如获至宝，密藏而归。好友发现蔡邕自浙江回来以后，学问突飞猛进，猜想他肯定看了什么好书，便去蔡家寻找。果然不出所料，好友在蔡邕帐间隐蔽处发现了《论衡》，抢了几卷就走，蔡邕赶紧嘱咐他千万不要外传。好友读过以后，也感慨地称其为"奇书"。

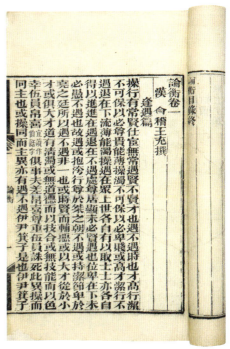

89年—91年

宪、秉遂登燕然山，去塞三千余里，刻石勒功，纪汉威德，令班固作铭。

——《后汉书·窦宪传》

窦宪北征

作为外戚权臣，窦宪劣迹斑斑，罪恶深重；作为北征将军，窦宪平定北匈奴之绩，又功不可没。是非功过有目共睹，后世的历史学家们给出了客观而公正的评价。

背景
南匈奴归汉，北匈奴遭到鲜卑重创，南匈奴趁机请求东汉王朝出兵共击

时间
89年—91年

出征原因
戴罪出征，以求赎死

作战策略
远程奔袭，先围后歼，穷追不舍

结果
汉军大破北匈奴，窦宪燕然勒功

获胜意义
结束了延续数百年的汉匈战争

耿秉北击匈奴
出自《瑞世良英》卷二《象贤录》。耿秉（？—91年），字伯初，东汉扶风茂陵（今陕西兴平东北）人。耿秉与窦固一起抗击匈奴，设置西域都护。永元元年（89年），耿秉被任命为征西将军，与窦宪联合南匈奴击败北匈奴。

在班超等人多年的艰苦努力下，东汉终于在西域站稳脚跟。失去西域依托的北匈奴逐渐衰落，其统治核心呈分崩离析状态。章和二年（88年），南匈奴单于得知北匈奴内部兄弟争立，各自离散，赶紧上奏给东汉朝廷，建议乘北虏纷争之机出兵讨伐，彻底解除北部边患。

当时，汉章帝刚刚去世，10岁的汉和帝刘肇继位，养母窦氏被尊为皇太后，临朝称制，掌控着天子大权。以前，窦氏因为没有生育，主动收养梁贵人的儿子刘肇后，便千方百计暗地里陷害梁氏，最后梁氏族人均受牵连，梁贵人不堪折磨自杀身亡。有了这段黑历史，窦太后不敢信任汉和帝，因此她特别依赖娘家人，让哥哥窦宪执掌大权。

窦宪掌权后做的第一件大事就是废除禁止私人煮盐、炼铁，为自家繁荣大开绿灯。一时间，窦氏权势无人能及。窦宪每天招朋引类，打击

异己，不允许任何人威胁到自己的地位。都乡侯刘畅到京城来吊唁汉章帝，窦太后几次召其进宫。窦宪知道后，担心刘畅受到重用，派刺客暗杀了他。

窦太后不明真相，下令窦宪捉拿刺客，追查主使之人。窦宪一开始将罪名推在别人身上，后来有人深究出真相，窦太后才知道幕后真凶是哥哥。刘畅虽然不得势，但也是皇上的伯父，这事恐怕难堵天下悠悠众口。窦太后一怒之下，将窦宪关了禁闭。

正巧此时朝廷接到南匈奴征伐北匈奴的申请，窦宪最了解妹妹的心思，知道她一心想建功立业，便抓紧时机上书给窦太后，要求带兵征伐北匈奴，戴罪立功。

窦太后知道这次与北匈奴交战胜算非常大，此等功劳当然不能让给外人。于是，窦宪就这样摆脱了危机，在汉和帝永元元年（89年）被任命为车骑将军，与副将耿秉一起，率领8000汉军精兵、羌族8000多人、南匈奴骑兵3万多人，分三路出师，在涿邪山（今蒙古国境内满达勒戈壁附近一带）会合。

窦宪打探到北匈奴单于驻扎在稽落山（今蒙古国西南部额布根山），便率领1万多精锐骑兵分三路突袭，大败北匈奴。窦宪乘胜追击，一直追到燕然

杭爱山山脉（燕然山）

杭爱山，中国古时称燕然山，位于蒙古高原的西北，离雁门关大概在1800千米左右。东汉窦宪破北匈奴一战，致使北匈奴一部向西远徙，余部溃散。在窦宪的授意下，班固于东汉永元元年（89年）在燕然山刻石记窦宪大破匈奴之功，作《封燕然山铭》，史称燕然勒石。后世中国文人在希望国家能够抗御外侮时，往往以勒石燕然为鼓励。

山（今蒙古国杭爱山），基本消灭了北匈奴的主力。稽落山一战，共消灭北匈奴12000多人，俘获牲畜100多万头，拉拢81部20多万北匈奴人归附汉室。窦宪知道自己立下大功，在燕然山上刻石记功，还命中护军班固为自己作铭。

接下去的两年，窦宪又相继两次出击北匈奴，迫使北匈奴残部不得不远走乌孙，自此退出漠北，开启了漫长的西迁之路，最后至顿河、多瑙河流域。他们以南俄罗斯大草原为基地，对罗马帝国发动战争，成为使罗马帝国灭亡的原因之一。

民俗风情画卷——打虎亭汉墓

位于河南省新密市的打虎亭汉墓，是一个东西并列两座的大型东汉墓：西为画像石墓，东为壁画墓，均由巨大的石块和大青砖砌券而成，墓壁内保存有内容丰富、色彩绚丽的石刻画像和壁画。画像石墓的主人是河南密县人、汉弘农郡太守张德，字伯雅；壁画墓的主人考古学家们猜测是与张德有亲属关系的人。

画像石墓内雕有300多平方米的石刻图像，壁画墓内绘有200多平方米的彩色壁画，内容涵盖了东汉时期人们衣、食、住、行等各个方面，及墓主人生前的庄园生活，犹如一幅活生生的东汉风情画卷，是中华汉代雕刻绘画艺术的博物馆。其中《制作豆腐工艺图》表现了东汉时期人们制作豆腐的完整过程，在国内绝无仅有，是目前发现的世界上最早的有关豆腐的记载。作为壁画中的精品《宴饮百戏图》，则在中国美术史上具有极高的艺术地位，现已成为中原旅游区的重要参观点之一。

▼车马出行图（局部）

绘制车马出行图壁画是东汉墓葬墓室最为显著的特征之一，也是东汉盛行厚葬观的重要体现。在汉代，车已经发展得相当完善，也有了明确的分工，有专门运送物资和传递邮件的轺车，还有专门供妇女乘坐的辎车，当时的车上大部分还都安装有车棚，但有的封得较为严实，有的只在车顶上设一华盖。

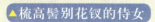
▲梳高髻别花钗的侍女

▲《宴饮百戏图》局部

▲庖厨图

彩色的帐幔下,贵族人物坐成两排,他们身穿各种不同色彩的袍服,跽坐于席上,宴饮作乐,观看中间的百戏。《宴饮百戏图》,画面宽广,构图严谨,线条苍劲有力,色彩富丽,人物众多,并熟练地运用了平涂着色的技法。从画面上可以感受到当时的社会生活和审美趣味以及匠人们的高超技艺。

▼侍女图

▲墓门石雕图案

> 92年

窦宪潜图弑逆……使谒者仆射收宪大将军印绶，遣宪及弟笃、景就国，到皆自杀。

——《后汉书·孝和孝殇帝纪》

和帝夺权亲政

权力与欲望的极度膨胀，令窦氏一族开始觊觎刘氏江山。然而轻视对手的结果，导致了篡位计划未及实施便宣告失败，那个被视为傀儡的少年皇帝刘肇仿佛一夜之间长大了。

时间
92年

敌对双方
太后集团：窦太后、窦宪；
皇帝集团：汉和帝刘肇、郑众、丁鸿等人

冲突原因
窦氏专权，皇帝无权，而且窦氏意欲除掉刘肇

事情经过
刘肇抢先一步，计划联合宦官扫灭窦氏戚族；诏令窦氏成员回京，而后一一抓捕，命其自杀或斩立决

结果
刘肇夺权成功，窦宪自杀，窦太后几年后病逝，窦氏集团及其党羽均被消灭

影响
刘肇亲政后，缔造"永元之隆"，东汉国力达至极盛

蛰伏只为出击

窦宪征伐北匈奴得胜归来，被窦太后封为大将军，加赏2万户封地，许他驻扎在凉州。窦宪的3个兄弟也均封侯，窦氏一族更加猖狂，连家丁都趾高气扬，朝廷官员几乎全由窦家间接或直接任用。

窦宪的三弟窦景是窦家的作恶多端之徒，每天在200人骑兵队的簇拥下，骑着高头大马在街上乱窜。看见什么想要的值钱东西，手一指，东西就是他的了，从来不会付钱；看上哪个女人，无论是谁家的，已婚还是未婚，家人都得赶紧给送上门，否则将对方随便加个罪名，抓到官府里治罪，轻则打残，重则打死。洛阳城里的商人和百姓，只要一瞧

班固像
出自清上官周著《晚笑堂竹庄画传》。班固（32年—92年），字孟坚，扶风安陵（今陕西咸阳东北）人，东汉著名史学家、文学家。班固出身儒学世家，其父班彪、伯父班嗣，皆为当时著名学者。其著作《汉书》是继《史记》之后中国古代又一部重要的史书，开创了纪传体断代史的新体例。61岁时因窦宪擅权被杀，受到株连而死于狱中。

见窦家的卫兵或奴仆出门，赶紧躲的躲逃的逃，生怕一不小心惹祸上身。

窦宪私下里养了很多刺客，专门谋害那些持有不同政见、对窦氏有威胁的人。窦太后从汉章帝去世到永元四年（92年），一直把持朝政，汉和帝如同傀儡。窦宪与女婿郭举、亲家郭璜、死党邓叠及其弟邓磊，打起了诛杀汉和帝、谋权篡位的主意。

当时，朝廷上除了司徒丁鸿、司空任隗、尚书韩棱，其余基本都是窦氏一党。14岁的汉和帝得知窦宪要篡位的消息，本想将丁鸿、任隗、韩棱召进宫商议对策，可是宫里宫外几乎全是窦宪的耳目。更何况窦氏一族还限制皇上不得与内外大臣直接单独接触，只能由宦官内外传递信息。

汉和帝无法，只好用心观察身边的宦官，想寻找能做心腹的人。他看看左右，觉得只有中常侍钩盾令郑众看上去很忠诚，平时行事谨慎较有心计。于是，汉和帝趁着郑众贴身侍候自己的时候，悄悄跟他说了想法。郑众劝汉和帝一定要先下手为强，趁对方没有防备的时候一网打尽。

李恂清廉不贪
出自《瑞世良英》卷三《万姓谱》。李恂，生卒年不详，字叔英，安定临泾（今甘肃镇原县东南）人。东汉时受汉和帝派遣，持节出使幽州，宣布朝廷恩泽，安抚幽州境内的少数民族。任兖州刺史期间，他劝课农桑，兴利除弊。后遭谗言被免职，徒步归乡里，织席以自给。后李恂迁居陕西函谷关，谢绝友人的资助。

东汉·执刑画像石
山东临沂市白庄出土，现藏于山东省临沂市博物馆。画面右部两人正面站立，另有武士执刀向左行进；画面左部一人佩长剑站立，一人执笏向其躬身，再右一人叉腰站立，一人荷戟向左行进。

设计夺回政权

郑众暗地里联络丁鸿等人，告之汉和帝的打算，悄悄展开部署，布好天罗地网。接着，汉和帝给镇守在凉州的窦宪下了一道诏书，说南北匈奴和西域已经安定下来，大将军应该回朝辅助政事。

窦宪正好要回朝篡位，接到诏书还以为是天意如此，丝毫没有怀疑，立即启程率领大军回到洛阳。汉和帝派人在城外迎接窦宪，慰劳将士。安顿下来以后，天就黑了，窦宪把军队驻扎在城外，自己进城回家休息，打算第二天一早再进宫朝见皇上。

朝中窦氏一党听闻他回京，纷纷前往窦府拜见，窦府门前一时车水马龙。汉和帝和郑众悄悄去了北宫，亲自坐镇指挥行动。他先命司徒丁鸿关紧城门派兵守卫，接着又命令卫兵分头埋

曹大家班惠班像

出自《历代帝王圣贤名臣大儒遗像》。班昭（49年—约120年），名姬，字惠班，扶风安陵（今陕西咸阳东北）人，是东汉著名史学家班彪之女、班固之妹。继承父兄撰写《汉书》的事业，继写《汉书》，是中国历史上第一位女史学家、女数学家。汉和帝多次召班昭入宫，并让皇后和贵人们视其为老师，号"大家"。邓太后临朝后，曾参与政事。其存世作品七篇，《东征赋》和《女诫》对后世有很大影响。

东汉时的结婚流程

汉朝的结婚礼仪，从皇帝到庶人，都以《士昏礼》为标准。首先是"纳采"，指媒人受男方父母之托，到女方家中求婚。纳采之后，接下来是询问女方名字和生辰的"问名"，男方请人占卜联姻是否吉利的"纳吉"。经过占卜后，男方向女方定下婚约，行纳聘之礼，称为"纳征"，也就是下聘礼。

下了聘礼，就该选定吉日迎娶新娘，称为"请期"；待吉日由新郎亲自迎娶，称为"亲迎"，一般都是新郎骑着高头大马迎亲，在水乡还有用船迎亲的习俗。

将新娘迎至夫家后，先行"同牢礼""合卺礼""结发礼"，然后进行"撒帐""闹洞房"等习俗。

结婚三个月后，新婚夫妇需到男方祖庙拜见列祖列宗。直到此时，整个结婚流程才算完毕。结婚后，如果夫妇双方想离婚，必须报告官府。

伏——那些去窦府拜见的官员刚回到家便一个个被抓起来关进监狱，与窦宪密谋篡位的郭家父子和邓家兄弟也被抓捕入狱。

窦宪送走了客人，一觉睡到天亮。此时，卫兵已把他的将军府围得水泄不通。天刚蒙蒙亮，汉和帝派人进入窦府传诏。窦宪以为是封赏的诏书，不慌不忙地起来接诏。没想到，汉和帝竟然下诏免去他将军的职务，改封为冠军侯，并命他即刻交出将军印。使者走了以后，窦宪派人出去打探，才知道窦氏几个兄弟都被收了大印，而且，郭家父子与邓家兄弟天亮时全被斩首示众。

窦宪不敢贸然进宫去找窦太后，还没等他有下一步动作，宫里的侍卫已进入府中，传旨命令窦氏兄弟立即离开京城，返回各自的封邑。汉和帝感念窦太后的养育之恩，没有公开处死窦氏兄弟，除了没有参与策划谋反的窦环，其余全部命其自杀。

紧接着，汉和帝开始清除窦氏余孽。朝中窦氏一党有的被处死，有的被迫自杀，凡是依靠窦氏关系做官的，一律被罢免。中护军班固当时已经60多岁了，因平时与窦宪亲近受到株连，也被罢了官。洛阳令种兢对班固积有宿怨，趁此机会公报私仇，将班固投进监狱百般折磨。班固不堪受辱，在狱中自杀身亡。

汉和帝终于从外戚手中夺回政权，窦太后在宫中没了势力，整天郁郁寡欢，没几年就病逝了。她去世后，梁家才敢上奏，陈述当年受窦太后迫害的真相，为梁贵人讨个说法。汉和帝方才知道自己的身世，但他最终还是顾及养育之恩，没有降黜窦太后的尊号，谥为章德皇后，追封梁贵人为皇太后。

东汉·"池阳家丞"国官印印文

东汉·"汉卢水仟长"少数民族卢水胡人的官印印文

东汉·"东郡守丞"郡官印印文

东汉·"吴房长印"县官印印文

东汉·神图案"徐尊"私印印文

> 78年—139年

衡善机巧，尤致思于天文、阴阳、历算。

——《后汉书·张衡列传》

"科圣"张衡

成为某一方面的大家不足为奇，但在几大领域均有建树且成就非凡的学者确实罕见，东汉的张衡便是这样一位屈指可数的世间奇才。他精通文学、数学、天文、地理，拥有多项重要发明，其横跨领域之广、涉及层面之深，在同时代根本无人可及。

主要官职
太史令、河间相、尚书

主要成就
开创中国天文、地理研究之先河；拥有多项科技发明；名列汉赋四大家之一

主要发明
浑天仪、地动仪、记里鼓车、瑞轮荚、独木飞雕等

后世影响
张衡被尊称为科圣（木圣）；联合国天文组织将月球背面的某座环形山命名为"张衡环形山"，将太阳系中的1802号小行星命名为"张衡星"

张衡铜像
张衡（78年—139年），字平子，南阳郡西鄂县（今河南南阳石桥镇）人，南阳五圣之一，与司马相如、扬雄、班固并称汉赋四大家。中国东汉时期伟大的天文学家、数学家、发明家、地理学家、文学家，其发明的浑天仪、地动仪，为中国天文学、机械技术、地震学的发展做出了杰出的贡献。

出身名门望族

张衡（78年—139年），字平子，南阳郡西鄂县（今河南南阳卧龙区石桥镇）人。张氏在当地是有名望的世家大族，张衡的祖父张堪也是一代才子，曾为蜀郡太守，立过大功，受到光武帝刘秀的重用。在家庭的熏陶下，张衡从小就爱读书写字，少年时便写得一手好文章。

16岁的时候，张衡离开家乡到外地游学，先后到过长安和洛阳。在洛阳太学时，他结识了崔瑗并与其成为挚友。那时候的张衡很喜欢看算学、天文、地理、机械制造等方面的书籍，对文学的兴趣也不小，时常与崔瑗在一起谈论诗歌辞赋。

虽然张衡通五经贯六艺，才高于世，但他从未眼高于顶，总是待人和气，做事从容。不过，他也有自己的交友原则，就是从不结交庸俗之人。

汉和帝永元年间，张衡屡次受公府征召，均被他婉言拒绝。当时，洛阳和长安属于繁华都市，城里的王公贵族、巨商富甲过着骄奢淫逸的生活。太学里的学生受到影响，每天不用功读书，一心贪图吃喝玩乐。张衡看不惯这些行为，特地写了《东京赋》《西京赋》，嘲讽此类现象。据说，他写这两篇赋时非常认真，前前后后反复修改了10年才算满意。

大将军邓骘非常欣赏张衡的才华，认为他是个百年难遇的奇才，多次邀其进入仕途，他都没有答应。永元十二年（100年），张衡应南阳太守鲍德之邀，做了他的主簿，掌管文书工作，一做就是8年，直到鲍德调任京师才辞官回家。从那时起，张衡对哲学、机械、天文、历法等方面的兴趣越来越浓厚。他很喜爱扬雄的《太玄经》，特别关注书中有关天文、历法、数学等方面的理论知识。

热衷科学发明

永初五年（111年），汉安帝听闻张衡擅长天文、历法等方面的学问，让公车署召其入京任职，先拜为郎中，后升任为太史令。他每天将精力放在探明自然界的奥秘上，不是闭门研究，就是在天文台上观察日月星辰，根本无暇顾及人情往来，因此一直没怎么升职。他担任太史令前后有14年多，虽然汉顺帝继位时有过调动，但最后还是又调回原职。

自古以来，人们通过长期对天象的观测和研究，到汉朝时先后出现了三种关于天体运动和宇宙结构的学说，即盖天说、宣夜说、浑天说。盖天说认为天是圆的，像一把张开的伞，地是方的，像一个棋盘，又称天圆地方说；宣夜说认为天没有一定的形质，日、月、五星等都飘浮在气体

张衡地动仪邮票
1953年中国邮政发行了"伟大的祖国——中国古代伟大发明"的特种邮票，一共4枚，其中"特7.4-1"是司南、"特7.4-2"是张衡地动仪、"特7.4-3"是记里鼓车、"特7.4-4"是浑天仪。此枚为"特7.4-2"是张衡地动仪。

指南车模型
张衡制造的指南车利用机械原理和齿轮的传动作用，由一辆双轮独辕车组成。车内用一种能自动离合的齿轮系统，车外上层置一木刻仙人，无论车子朝哪个方向转动，木人伸出的臂都指向南方。

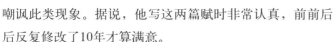

张衡·《四愁诗》

我所思兮在太山，欲往从之梁父艰，侧身东望涕沾翰。美人赠我金错刀，何以报之英琼瑶。路远莫致倚逍遥，何为怀忧心烦劳？

我所思兮在桂林，欲往从之湘水深，侧身南望涕沾襟。美人赠我琴琅玕，何以报之双玉盘。路远莫致倚惆怅，何为怀忧心烦伤？

我所思兮在汉阳，欲往从之陇阪长，侧身西望涕沾裳。美人赠我貂襜褕，何以报之明月珠。路远莫致倚踟蹰，何为怀忧心烦纡？

我所思兮在雁门，欲往从之雪雰雰，侧身北望涕沾巾。美人赠我锦绣段，何以报之青玉案。路远莫致倚增叹，何为怀忧心烦惋？

中；浑天说认为天地的形状像一个鸡蛋，天与地的关系就像蛋壳包着蛋黄。

张衡通过自己观察及总结的数据，认真研究了这三种学说，最后写出一部著名的《浑天仪图注》。他在书中指出，天球像一个圆圆的鸡蛋，球内的下部有水。天像鸡蛋壳，靠气支撑着包在地的外面，地像蛋黄浮在水面上。当天球围绕天极轴转动时，总是一半在地平面之上，另一半在地平面之下，因此在同一时刻只能见到二十八宿中的一半。由于天北极高出地平面36°，故而天北极周围72°以内的恒星永远不会落下，天南极附近的星群永远不会升起。

为了演示自己的理论，张衡创制了非常精妙的"浑天仪"——一个可以转动的空心铜球，球体内有一根贯穿球心的铁轴，轴两端象征北极和南极。铜球外表刻有二十八宿和其他一些恒星的位置，外表的几个铜圈分别代表地平圈、子午圈、黄道圈、赤道圈，赤道和黄道上刻有二十四节气。

怎样才能使这个浑天仪自行转动，张衡几乎废寝忘食地研究，不断地试验，最后利用水力推动齿轮的原理，用滴壶滴出来的水力推动齿轮，带动空心铜球绕轴旋转。这个仪器的绝妙之处是，铜球转动一圈的速度与地球自转的速度相等！也就是说，盯着转动的浑天仪就等同于看到了天体运行的情况。

在《浑天仪图注》中，张

近代第一台候风地动仪外形
1880年由英国地理学家约翰·米尔恩在日本发明，他被誉为"地震仪之父"，其仪器原理和张衡的地动仪基本相似，但在时间上却晚了1700多年。

衡还测定出地球绕太阳一年所需时间是"周天三百六十五度又四分度之一",这和近代天文学家所测量的365天5小时48分46秒的数字十分接近。此外,张衡在自己的另一部天文著作《灵宪》中,第一次提出月亮不发光,月光是太阳光反照的结果,揭示了月食的奥秘;提出了宇宙无限的伟大思想;他还算出日、月的角直径,记录了在洛阳观察到的恒星2500多颗,常明星124颗,叫得上名字的星约320颗,与近代天文学家观察的结果相当接近。

张衡不仅在天文历法方面成就突出,在数学、地理学、绘画、机械制造等方面都有令人赞叹的成就。他创造了很多特别精妙的物品,如模仿神话中奇树蓂荚的特征制造的"瑞轮蓂","随月盈虚,依历开落":每月从初一开始,每天多1片叶子,直到满月时出齐15片叶子,然后每天再收起1片叶子,直到月末;利用差速齿轮原理制作的"记里鼓车","车为二层,皆有木人,行一里下层击鼓,行十里上层击镯";模仿鸟类高空翱翔的滑翔翼型设计"独飞木雕";根据研究和考察心得所绘的地形图……鉴于张衡的卓越成就,后人尊称他为"科圣(木圣)"。联合国天文组织还将月球背面的一个环形山命名为"张衡环形山",将太阳系中的1802号小行星命名为"张衡星"。

张衡像邮票
1955年8月25日发行,纪33《中国古代科学家(第一组)》里的第一枚《张衡像》。

张衡墓
位于河南南阳石桥镇小石桥村的西北隅,坐北向南,史载崔瑗、夏侯湛、骆宾王、郑谷等都曾为张衡墓撰铭树碑。

> 少年中国史

东汉前期

初，慎以五经传说臧否不同，于是撰为五经异义，又作说文解字十四篇，皆传于世。

——《后汉书·儒林·许慎传》

许慎与《说文解字》

文明能够世代相传，文字起到了巨大的作用。那么，关于文字又有什么渊源和秘密呢？许慎为此倾尽半生心血，将其中脉络一一厘清，并清晰而完整地呈现在这本追根溯源的《说文解字》里。

历史地位
东汉著名经学家、文字学家

主要思想
推崇古文经学，认为文字从起源以后，经历了战国古文、秦代小篆、汉代隶书的形体变化，而东汉某些今文经学家认为汉代隶书即是古人造字时的字形

代表作品
《说文解字》

后世尊称
字圣、文宗字祖

许慎铜像
位于河南安阳中国文字博物馆。许慎（约58年—约147年），字叔重，汝南召陵（今河南漯河邵陵区）人，东汉经学家、文字学家及语言学家，有"五经无双许叔重"之赞赏，是中国文字学的开拓者。著有《说文解字》，是中国首部字典。

辩驳经意，首获赞誉

许慎（约58年—147年），字叔重，汝南召陵(今河南省漯河市召陵区)人，自幼喜爱读书，8岁进入学堂学习造字之本的"六书"，10岁开始学习《诗》《书》《礼》《易》《春秋》及诸子百家著作。

当时，古文经与今文经的论争非常激烈。学古文经的儒生认为从孔壁中发掘出来的、用六国文字书写的经典最权威可靠；学今文经的儒生认为当时通行的、用隶书所写的经典世代相传不容怀疑，隶书就是古人造字时的字形。

许慎对于他们之间的争议很有兴致，于是遍读经典，研究周秦时的西土文字籀书，以及"孔壁古文（又称东土文字）"，对于《仓颉》《博学》《凡将》《急救》《训纂》等字书更是如获至宝，痴迷其中。

根据自己的学习体会，许慎认为文字自起源经历了从

战国古文到秦代小篆，再到汉朝通行隶书的形体变化，因此肯定是先有文字后有五经。那些今文经学的儒生，平时随意解说文字，是对天下学者不负责任的一种表现。

为了提高自己，建初八年（83年），许慎拜在贾谊后人、对古文经学颇有研究的贾逵名下做弟子。贾逵非常喜欢这个勤奋好学的年轻人，时常与他谈古论今。他告诉许慎，对于经学的解释，自孔子以后各家的分歧很大，掺入很多谬误，再加上秦始皇烧了很多古书，经学的原本面貌越来越模糊，越来越混乱。

许慎问："难道没有办法再将这些恢复原貌吗？哪怕只是恢复一部分。"贾逵说："如果能在研究文字、语言方面有所突破，完全有可能实现，可是这又谈何容易！"从那时起，许慎的心里开始有了新的想法。

接下来的一段时间，许慎了解到各家对五经的解说非常混乱（五经指《周易》《尚书》《诗经》《礼记》《春秋》），自行完成了辩驳经意的《五经异义》一书，获得了四方赞誉。

此时，贾逵告诫许慎说："若想彻底解决经学问题，不能停留在对语句的辨析上。你的书虽好，但还是没有跳出这个框框。经书是文字所记，而文字

《熹平石经》（局部）

《熹平石经》是中国刻于石碑上最早的官定儒家经本，其字体俱为隶书，规模浩大，气势恢宏，是东汉时期尊崇儒学、经学发达等诸多社会历史原因所产生的文化瑰宝。作为我国历史上最早的儒家经典石刻本，《熹平石经》对人们校对版本、规范文字提供了准确的范本，同时也对其后历朝历代以经典文献为内容的大规模刻石具有一定的启发意义。

有专属的形、音、意，可向世人传递文本的意义。因此，只有在文字上有大突破，经学才能得到真正的发展。"许慎谨遵老师的教诲，决定立即撰写字书。

呕心沥血，终成巨著

在长期的学习与研究中，许慎收集到大量小篆、大篆、古文的资料，开始系统地研究六书理论，以及文字形、音、意之间的关系。为了拓宽自己的知识面，他广泛收集了关于上古社会宗教、文化、政治、经济等各方面的资料，这些资料从不同侧面展现了文字的

《说文解字》石刻碑廊

在河南省漯河市的许南阁祠有一条著名的《说文解字》石刻碑廊，这座碑廊耗时十年完工，由282块长160厘米、宽60厘米、厚6厘米的上等大青石碑组成。它环建于祠四周的墙壁上，碑文共有13.3441万个字。

东汉·人物壁画
均着深衣制的袍服，头戴巾帻，或交谈，或闲立，或回望，神态各异，非常传神。

发展情境。

许慎撰写字书的事情得到贾逵、马融等当时著名学者的支持，他们提供了很多相关资料，并对书的撰写体例、个别字的注释积极地提出意见。

在撰写过程中，许慎受到前所未有的挑战。有时为了弄清楚一个字的准确意义，他需要翻阅大量的文献资料，甚至不惜前去实地考察。有时连别人跟他说话都听不进去，因为脑子里装的全是字。

10年过去了，永元十二年（100年）正月，许慎终于草成巨著《说文解字》。全书15卷，共收录汉字9353个，另收录异文1163个，计1.0516万个字，共说解13.3441万个字，所有文字按540个部首排列，以说解文字的形体为主，同时兼明文字的本音、本义。它是古代第一部以六书理论分析字形、解释字义的字典，也是关于中国上古社会的一部大百科全书。

然而，接下来的校正是个更庞大的工程。为了将释义补充完整，许慎每天足不出户地查阅大量的史料典籍。

元初六年（119年），全国42个地方发生地震，灾情极为严重。朝廷挑选有能力的官员，到各地去安抚百姓稳定民心，许慎被选到沛国洨县（今安徽固镇）担任县令。然而，他根本无心仕途，遂在上任前托病回到故乡，专心审定自己的心血之作。

许慎讲学浮雕
建光元年（121年），许慎将《说文解字》献于朝廷后，就在家乡及附近村庄授经教书。由于他学识甚高，不但当地学子甚众，也有很多不远千里前来求学者。

宋版《说文解字》内文

原书现已失传，传至今日的大多是宋朝版本，或是清朝的段玉裁注释本。《说文解字》是首部按部首编排的汉语字典，是中国第一部系统地分析汉字字形和考究学源的字书，也是世界上最早的字典之一，在中国语言学史上有极其重要的地位。

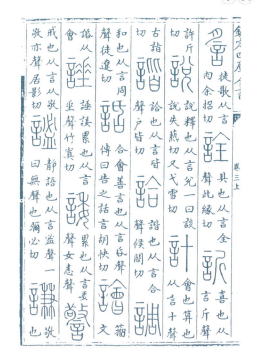

永宁二年（121年），《说文解字》终于定稿。许慎郑重地将书稿整理好，交给儿子许冲，让他带着仆人直奔洛阳，将字书呈献给朝廷。许冲到达洛阳后，《说文解字》问世的消息轰动了整个洛阳城，许多学者、大臣纷纷来到许冲的住处一饱眼福。汉安帝刘祜召见了许冲，对《说文解字》大加褒奖，这套书很快流行起来。

《说文解字》堪称全世界第一部字典，许慎也因此被后人尊称为"文宗字祖"。自该书问世以来，传统的汉字学研究便以其为主要依照，研究《说文解字》的学问亦被称为"许学"或"《说文》学"。

清代说文四大家

人名	著作	内容
段玉裁	《说文解字注》	校勘了大徐本（北宋以来最通行的版本）《说文》的不足之处，对《说文》本身进行了一些发凡起例，对许慎的不足予以批评，注释过程中注意到了词义的历史性及发展演变规律，注意到了同源词的探讨和同义词的辨析
朱骏声	《说文通训定声》	是一部按古韵部改编《说文解字》的书。以古韵分类，把《说文解字》的540部全部拆散，分解出形声字声符1137个(声母)，然后把声符归纳成十八大类，每字下的内容由"说文""通训""定声"三大部分组成。"说义"是说解义字的形体和意义的意思，"通训"主要讲转注和假借，"定声"中凡同韵相押的叫"古韵"，凡不同韵而相押的叫"转音"。其最大的贡献在于全面地解释了词义
桂馥	《说文解字义证》	此书引群书用字之例来证许慎原著，罗列古籍而不妄议。对于所引文献，前说未尽则以后说补苴之；前说有误则以后说辨正之。引据虽繁，但条理自密。此书对于历代用字的实例搜括完备，且按时代排列，几乎可以算是一部"汉字字用史"
王筠	《说文句读》	采撷诸《说文》学大家的著作，辨其正误，删繁举要，参以己意，集语言文字之大成，浅易简明，非常适合初学者看

▶ 81年—121年

七年，后复与诸家子俱选入宫。后长七尺二寸，姿颜姝丽，绝异于众，左右皆惊。

——《后汉书·皇后纪》

女政治家邓太后

美艳无双，德行兼备，她是青史留名的一代贤后；临朝听政，治国安邦，危机四伏的东汉王朝在她的安排下平稳过渡。邓绥，一位才貌双全的政坛女杰，成就了东汉王朝的一抹亮色。

历史标签
东汉王朝著名的女政治家

主要成就
临朝称制16年

执政功绩
镇压西羌之乱，令东汉"兴灭国，继绝世"；
扶持东汉平稳度过"水旱十年"；
采纳班勇的进谏并重用班勇，使西线多年无战事

非议焦点
有专权之嫌

谥号
和熹皇后

贤能善良的邓贵人

元兴元年（105年）冬，汉和帝刘肇病逝。当时，因皇后没有子嗣，而后宫嫔妃之子曾先后夭折10多个，宫中被视为不祥之地，所以皇子一出生就被抱到宫外寄养在民间，一时难以尽寻下落，只找到宫女所生的两个皇子，大的8岁，身有痼疾不便迎立；小的叫刘隆，才出生100多天，被立为太子。刘隆当夜继位，改元延平，是为汉殇帝，皇后邓绥被尊为皇太后，开始临朝听政。

邓绥的祖父是前太傅高密侯邓禹，父亲是护羌校尉邓训，母亲是皇后阴丽华的侄女，出身非常高贵。因其聪明伶俐，年迈的祖母非常疼爱她，祖父也有意栽培她，很小就教她识字，邓绥6岁能写篆书，12岁能背诵并讲解《诗经》和《论语》。

邓绥从小就是个非常孝顺、体谅他人的孩子。5岁的时候，祖母亲自为她剪发，因老眼昏花，误伤了她的前

东汉·玉梳
青白玉质，梳背透雕花卉，镶金，制作精细。玉梳在中国有着悠久的历史，最早出土于新石器时代。

额，邓绥忍着痛一动不动，直到祖母剪完头发。事后旁人见她额上流血，问她何故不说，她回答说怕祖母内疚。在13岁那年，邓父因病去世，她守丧3年不吃盐菜，再加上悲伤过度，致使容颜憔悴不堪。

当时，后宫已经为汉和帝刘肇挑好大婚人选，前执金吾阴识的曾孙女与邓绥同时入选。因邓绥守丧，暂时没有入宫，阴氏入宫即被汉和帝宠幸，没过多久便被封为贵人。

邓绥守孝期满，经过一段时间休养，渐渐恢复花容月貌。进宫以后，后宫粉黛都被肌肤胜雪、娴静大方的邓绥比了下去，汉和帝更是对其异常宠爱。深明事理的邓绥从不恃宠而骄，一切行动遵循礼法，对待下人也十分体贴，宫里人都对她交口称赞。

戒饬宗族

出自清焦秉贞绘《历朝贤后故事册》。描述了东汉和帝刘肇的皇后邓绥的故事。邓绥（81年—121年），东汉开国重臣邓禹孙女，南阳新野(今河南新野)人，史称"邓太后"，被誉为"皇后之冠"，女政治家。邓绥在位时，对自己娘家的人要求非常严格，也亲自教导和监督小一辈人的学习，由于她的约束教育，邓氏子弟都比较守法。

永元八年（96年），汉和帝18岁，册立17岁的阴氏为皇后。同年，邓绥被封为贵人。阴氏做了皇后，日益变得骄纵起来，嫉妒心越来越强，汉和帝对其渐生不满，更加宠爱善解人意的邓贵人。

有一次，邓贵人染病，一连几日卧床不起。汉和帝非常疼惜，命邓氏家属前来探望，并破例允许其自由出入不限时日。邓贵人竭力推辞道："宫禁森严，若外人长时间滞留，会使群臣批评皇上徇私情,指责臣妾贪心不足,于公于私都不合适!"汉和帝感慨她识得大体,又多了几分欣赏。

阴皇后十分嫉妒邓贵人,邓贵人只能更加小心谨慎,甚至推说身体不适,劝汉和帝去皇后的长秋宫。平日里,只要是皇后的命令,无论对错,她都不会推脱或怠慢,总是全部听从。于此,汉和帝更加认为邓贵人贤能善良。

永元十三年(101年)夏,汉和帝身患痢疾,病情严重。大家都以为他难逃一劫,各怀心事,只有邓贵人日日祈祷上苍,保佑和帝早日康复。阴皇后对身边人扬言,以后得势定将邓氏一族满门抄斩。好在汉和帝渐渐痊愈,闻知阴皇后说的狠话,第二年又发现阴皇后请巫师诅咒邓贵人,一气之下数罪并罚,废了皇后,拘拿阴氏一族,册立邓绥为皇后。

邓绥做了皇后更加俭朴谦逊,汉和帝每次想给邓氏家族封爵,都被她婉言拒绝,其兄邓骘在很长一段时间里始终官职低微。

手段强硬的皇太后

汉和帝去世后,邓绥成为皇太后,临朝听政时仅25岁。她深知治理国家要以民为本,接连下诏大赦天下,将监狱里的非政治犯都放了出来,让他们去开垦荒山野地。同时又从自身做起,削减宫内开销,宣布各郡国进贡之物减半,卖掉上林苑豢养的鹰犬。汉殇帝继位那年,很多地方发生了水灾,邓太后下令减免租税,暂停各处祭祀,并将宫内节省下来的财力全部用于赈灾,任何人不得贪污,否则严惩不贷。

延平元年(106年)八月,汉殇帝因风寒夭折,邓太后与兄长车骑将军邓骘商定,立清河王13岁的儿子刘祜为帝,是为汉安帝,仍由邓太后临朝听政。

当时,宫里有很多得不到宠幸的宫女,有的一生连皇帝的面都见不到。这些宫女每天要做大量的体力活,直到快死的时候才有机会出宫回家,处境非常凄凉。邓太后非常同情宫女们,下令废除每年选拔宫女的活动,还将宫里年纪大的、生病的、想回家的、沦为官婢的世家女统统送出宫,可任由婚嫁——据说邓太后下旨的第一天,就有几

东汉·击鼓说唱俑
1957年出土于四川省成都天回山,现藏于中国国家博物馆。头戴巾帻,袒胸露腹,着裤赤足,左臂环抱一扁鼓,右手举槌欲击,作击鼓说唱表演,神态诙谐,动作夸张有趣。它的出土印证了东汉时俳优的盛行。

东汉·青铜龙首鐎斗

又称刁斗，龙首圆腹，下承三足。除用于军旅煮饭、传警外，还被人们用来加热羹汤、粥及温酒。

百人申请回家。

邓太后亲眼见过巫蛊案带来的惨剧，故而处理巫蛊案时尤其谨慎，在没有足够证据时严禁抓人，更不准严刑拷打，即便定罪也要适当处罚，不能令其他人受牵连被判处死刑。

有一次，宫中丢失了一批珠宝，负责审理的官员抓住几个宫女，严刑将她们屈打成招。行刑处决的那天，宫女们叫冤哭喊，声音传到邓太后耳中，她顿觉蹊跷，下令先将宫女收监，重新彻查此案。结果，竟然是看管珠宝的侍卫监守自盗，行贿官员诬陷宫女。得知真相后，邓太后勃然大怒，下令严惩侍卫，撤掉徇情枉法官员的职务，并且对其后代永不录用。从那以后，执法官员再也不敢随意处理案件，或用刑屈打成招。

班超从西域回来后，任尚去西域接任班超的工作。任尚与班超的治理方法完全不同，以严法与剥削为主，引起怨声一片。时间久了，羌族率先起义。邓太后当下派兵平叛，这场战争足足打了11年，使危机四伏的东汉王朝转危为安。

在邓太后的治理下，东汉经济于"水旱十年"的严重自然灾害下仍能渐渐复苏，而且社会安定，百姓安居，因此，后人称赞她"兴灭国，继绝世"。

东汉的丧葬礼节

对于丧葬礼仪，只有皇室与权贵特别讲究。一般情况下，皇帝继位不久便开始建造"寿陵"，到驾崩时陵墓基本已建好。死者刚咽气的时候，一般要进行"沐浴""饭含"之礼，将玉石或珠贝置入死者口中，接着是"裹尸"，所用衣衾有金缕玉衣、银缕玉衣、铜缕玉衣三种。据《续汉书·礼仪志》中记载，金缕玉衣是皇帝专用，各诸侯王、列侯、始封贵人、公主用银缕玉衣，大贵人、长公主用铜缕玉衣。但因寿陵提前建好，停灵时间大为缩短。出殡时，帝王使用辒辌车送葬，丧车所经过的街路都有人祭祀；重臣出殡时，朝廷或派羽林孤儿，或派军士列阵相送，东汉时皇帝或帝后一起曾为重臣送葬。

九头人面兽画像拓片
此画像砖出土于山东滕州市黄安岭,现藏于山东省博物馆。九头人面兽在中国远古奇书《山海经》中是一个人面虎身的庞然怪兽,形象神秘、怪异,这种怪兽是古代神话传说的司水之神兽,又称开明兽。

改变初衷的权欲者

邓太后胸怀豁达,治国有方,是出了名的铁腕皇后。在她的约束教育下,邓氏子弟都比较守法。有一次,兄长邓骘的儿子邓凤私受贿赂,被揭发后,邓骘剃光妻儿头发,以此谢罪天下,在民间广为传颂。然而,当邓氏家族声势越发显耀时,宫内外免不了曲意奉承之人,久而久之,邓太后也改变了初衷。

汉安帝刘祜22岁时,立贵妃阎氏为皇后。原本,他想立喜欢的李氏为后,但阎氏与邓太后关系密切,不得不立。阎氏生性善妒,一杯鸩酒毒死了李氏,因邓太后的关系,此事竟然无人问津。也许是作恶太多,阎氏一直没有子嗣,汉安帝只好立李氏留下的儿子刘保为皇太子。

此时的汉安帝,心中早已跟邓太后有了隔阂,何况后者根本没有还政的意思。司空周章为此多次上书,恳请邓太后将朝廷大权交还汉安帝,可是邓太后毫不理会。周章十分愤慨,私下联络亲信谋变,后因事情泄露不得不畏罪自杀。这件事情以后,邓太后变得警觉起来,凡是看到让她归政的奏折,一定严加惩处。

郎中杜根顶着必死之罪,义正词严地上书请邓太后归政。邓太后勃然大怒,下令将其装在布袋中棍杖打死,弃尸城外。杜根命大,尚存一息生气,渐渐苏醒过来。他知道对方不会轻易放过自己,依然趴在原地装死,直至三天后,眼眶里生出蛆来,检查的人回去复命,他才爬起来逃走了,并隐姓埋名。

越骑校尉邓康也屡次劝诫邓太后激流勇退,以免被人诟病,失去一世贤名。邓太后不听,邓康便托病在家不去上朝。邓太后得知真相后,将邓康罢免官职,削绝属籍。其他大臣一见,更加畏惧,没人再敢提归政的事情。

永宁二年(121年)初,邓太后突觉身体不适,严重到吐血,可仍然坚持出殿视朝。一月过去,病情越发严重,没过多久就去世了,时年41岁。汉安帝得以亲政。尊谥邓太后为"和熹皇后",与汉和帝合葬在慎陵。

四川成都郫县犀浦镇蓝家山坡东汉墓石门像(一对)

121年

延平元年，拜骘车骑将军、仪同三司。仪同三司始自骘也。

——《后汉书·邓寇列传》

大将军邓骘蒙冤

> 兄以妹贵，母以子显，这在中国漫长的历史中并不少见。伴随着妹妹由贵人变皇后至太后，邓骘的仕途也逐渐平步青云；可妹妹的尸骨还未寒，索命的冤狱就来了。

时间
121年

身份
邓皇后哥哥，外戚

主要官职
大将军

起因
汉安帝乳母王圣与宦官李闰指使宫女诬告邓氏一族

结果
邓氏族人被免除官职，没收资财；邓骘与儿子邓凤绝食而死

主要成就
册立安帝；
崇尚节俭，罢除劳役；
征辟和引进多位贤士

邓绥去世还未下葬，汉安帝刘祜便封邓骘（？—121年）为上蔡侯。刘祜的乳母王圣先前见邓绥久不归政，怀疑她有废置汉安帝的意图，但又不敢大张旗鼓做什么，只能时不时与宦官李闰在皇上面前说些污蔑邓绥的话。如今邓绥去世，王圣顿觉扬眉吐气，找来一位受过邓绥责罚的宫女，与李闰一起向汉安帝诬告："以前邓太后在世时，暗中与弟弟邓悝、邓弘、邓闾、尚书邓访，商议废掉皇上，另立平原王刘翼为君。奴才本想禀告皇上，无奈对方势力庞大，实在不敢直言。如今，还望皇上明察秋毫，远离奸臣。"

汉安帝信以为真，因邓悝、邓弘、邓闾早已去世，便下令抓捕他们的儿子，命官员劾奏邓悝等人大逆不道，将西平侯邓广德、叶侯邓广

上蔡侯邓骘像
邓骘（？—121年），字昭伯，南阳郡新野县（今河南新野南）人。东汉和熹皇后邓绥之兄。最初被大将军窦宪征辟入仕，后兄凭妹贵，一路升至车骑将军、仪同三司。汉殇帝驾崩，与邓绥册立安帝，不久拜大将军。他曾倡节俭，并辟召杨震等名士。邓太后去世后为宦官李闰等诬陷，蒙冤自杀。

杨震像

杨震（？—124年），字伯起，弘农华阴（今陕西华阴东）人。东汉时期名臣。以通晓经籍、博览群书见长，有"关西孔子杨伯起"之称。大将军邓骘听说杨震是位贤人，于是举其为茂才，四次升迁后为荆州刺史、东莱太守。任内公正廉明，不接受私人的请托，有"暮夜却金"的典故。

宗、西华侯邓忠、阳安侯邓珍、都乡侯邓甫德都废为庶人，邓访及其家属被流放到边郡；将邓骘改封罗侯，遣回封国；邓氏宗族全部免官回乡，没收资财田宅，只有邓广德兄弟因是阎皇后亲属才得以留在京师。

由于郡县承旨逼迫，邓广宗、邓忠、邓骘的堂弟河南尹邓豹、度辽将军舞阳侯邓遵、将作大匠邓畅都自杀而死。建光元年（121年），邓骘与儿子邓凤绝食而死。

大司农朱宠哀痛邓骘父子无罪却遭来横祸，他光着上身抬着棺材，为邓骘鸣冤说："微臣认为和熹皇后是汉朝的文母，拥有圣明贤良的品德。她的兄弟尽忠尽孝，拒受封国，无一身居高位，历代外戚都不能与他们相比。本来，他们应该因为忠孝谦让得到嘉勉与庇佑，然而却因宫人的片面之词而死于非命，尸骨分散各地，冤魂不能返回家乡。微臣请求皇上准许他们的尸骨迁葬祖坟，善侍邓氏后人，让邓家宗祠有人祭祀，以此告慰冤灵。"朱宠知道自己言辞激烈，会激怒圣威，便主动到廷尉投案。汉安帝下诏将他免职，遣返回乡。

邓家的惨祸在民间传得沸沸扬扬，百姓自发集合起来，为邓骘鸣冤。汉安帝迫于压力，下令严惩逼迫邓家人自杀的州郡官员，准许邓骘等人的尸骨运回安葬，被流放的邓氏族人返回京城。接着，汉安帝又下令厚葬邓骘，并按照礼仪祭祀。

永建元年（126年），汉顺帝刘保继位后，追感邓绥恩训，怜悯邓骘无辜，下诏任命邓骘亲属12人为郎中，并擢升朱宠为太尉，录尚书事。

邓骘评价

椒房贵戚，定策勋臣。
深执谦退，笃志忠纯。
履满知惧，恳切疏陈。
推升贤士，轸恤劳民。
节俭律己，孝养侍亲。
兄弟同德，家法丕臻。

——清·邓钟岳

105年

伦乃造意,用树肤、麻头及敝布、鱼网以为纸。元兴元年,奏上之,帝善其能,自是莫不从用焉,故天下咸称"蔡侯纸"。

——《后汉书·宦者列传》

蔡伦造纸术问世

没有纸之前,人们用什么写字?一般人家大多使用木简、竹简,有钱人家会使用绢帛、丝绸。再久远一些,人们是在甲骨、陶器上刻写。蔡伦的造纸术推广普及之后,民间开始出现大量便宜而好用的书写材料,此项技术革新甚至远播欧洲,造福全世界人民。但鲜有人知的是,这项伟大发明的初衷居然是为了讨好皇后的谄媚之举。

身份
宦官,发明家

主要官职
中常侍、尚方令

主要成就
首次使用树肤、麻头及敝布、渔网造纸

历史地位
造纸鼻祖、纸神;造纸术被列为中国古代"四大发明"之一

影响
造纸术沿着丝绸之路经过中亚、西欧向整个世界传播,对世界文明的传承和发展做出了不可磨灭的贡献

黄门侍郎陷内斗

蔡伦(?—121年),字敬仲,桂阳郡(今湖南郴州)人。永平十八年(75年),蔡伦被选入内宫任职,成为一名太监。蔡伦心思活络,善于察言观色,读书识字学得很快,第二年就当上了小黄门(低于黄门侍郎的宦官),不久又升为主管公文传达的黄门侍郎,有了接触前朝王公大臣及后宫嫔妃的机会,同时也身不由己地参与到他们的明争暗斗之中。

当时,汉章帝的窦皇后久不生育,急需一位心腹帮助自己达成心愿,她选中了精明圆滑的蔡伦。窦皇后指使人诬陷太子刘庆的

蔡伦像
蔡伦(?—121年)字敬仲,桂阳郡人,中国四大发明中造纸术的发明者。其发明对人类文化的传播和世界文明的进步做出了杰出的贡献,千百年来备受人们的尊崇,被纸工奉为造纸鼻祖、纸神。

生母宋贵人，说她借助歪门邪道迷惑皇上，并下懿旨令蔡伦"查实"，逼迫宋贵人自杀身亡，刘庆被废为清河王。接着，她又让蔡伦安排别人写了一封匿名信，陷害皇子刘肇的生母梁贵人，随后强行夺走尚在襁褓中的刘肇收为养子，并让皇上立其为太子。

汉章帝驾崩后，以前的窦皇后成为掌管朝政的窦太后，太子刘肇继位为汉和帝，蔡伦如愿以偿升为中常侍，随时陪在10岁的刘肇身边，参与国家大事。窦太后去世后，蔡伦投靠到汉和帝的皇后邓绥那里任职。

邓皇后是个喜欢吟诗作赋的才女。东汉之前，文字都写在竹简或丝绢上。竹简非常笨重，往往一本书就是一大捆竹简，翻阅不方便，携带也不方便。丝绢倒是携带方便，但因为价格昂贵，不但普通百姓用不起，也不符合邓皇后提倡节俭的政策。

为了讨好邓皇后，蔡伦自告奋勇兼任主管宫内御用器物和宫廷御用手工作坊的尚方令，下决心要研究出一种质地轻便、价格低廉的纸张。在监管作坊期间，蔡伦经常和匠人一起切磋制造器械的技术，由他监造的各类军械精良锋利，得到众人的称赞。

纸业保护神蔡伦像
东汉时由于在全国各地逐步推行的新造纸方法是蔡伦发明的，人们便都称他为"造纸鼻祖"。清时造纸业把蔡伦敬奉为此行业的祖师爷和保护神。

《造纸工艺图》壁画
位于陕西汉中洋县龙亭镇蔡伦墓正殿内右侧。在纸尚未问世之前，古代中国的文字资料有许多不同的载体。商代主要是甲骨，先秦主要是金石和竹简，西汉时的帛造价高昂，在蔡伦发明造纸术之前，均无法在社会上做大规模的推广。

成功制作蔡侯纸

西汉时期，已经有人开始使用一些较为便宜的植物纤维造纸，但那种纸十分粗糙，根本不能用于书写。蔡伦先到造纸作坊，向工匠们请教制作纸张的基本过程，然后又到绢丝作坊，学习丝

麻的茎与韧皮

麻的茎皮纤维可用来造纸。西汉就有用麻做的纸，东汉时蔡伦加以改进，使麻纸制造得到普及，虽然在制造上还比较粗糙，但因其宜于书写或印刷，而且经久耐用，很受人们看重。

纸的做法。原来，丝纸是制作丝帛的时候，留在席子上的那层很薄的纤维。

有一天，蔡伦从进贡荔枝的包装中看到一种类似纸的东西，经过询问，才知道制作原料是富含纤维的麻。棉花没有传入中原前，人们就用麻来纺织，做衣物。

蔡伦顿时灵感大发，找来树皮、麻叶、破布、破渔网等很多富含纤维的东西，扔到大锅里加水煮，然后捞出来放到大石臼里捣，直到捣烂混合成浆状，再平铺于席子上晾干。

果然不出所料，当蔡伦揭下晾干的纸张，发现它又薄、又平、又均匀。他跑进室内，提笔在上面写几个字，看看吸墨效果，结果非常满意。

接下来，蔡伦开始进行反反复复的改良与试验。在试验过程中，不断出现新的问题。为了解决纸张色彩不一致的问题，蔡伦根据民间常用的去污办法，先把原料用草木灰和石灰浸泡，通过反复试验，确定了浸泡液的比例搭配和时间长短的问题。经过浸泡后，无论什么颜色的原料，造出来的纸都洁白如雪。为了摆脱晾纸时阴雨天的困扰，蔡伦与工匠们专门设计了烘烤纸张的烘烤室。在使用树皮的过程中，蔡伦发现加入某些树的黏液，可以使成品更容易从纸帘上揭下来，大大提高纸张的成品率。于是，该黏液被搜集来专用于造纸，称为"纸药"……就这样，蔡伦一件一件解决遇到的问题，使造纸技术越

左伯

左伯（165年—226年），字子邑，是东汉末年的学者和书法家。他在研习书法的过程中，尝试着改进造纸工艺。同样选用树皮、麻头、碎布为原料，左伯使用新工艺造出的纸更光亮、白净、细腻，人称"左伯纸"或"子邑纸"，它与张芝制作的笔、韦诞制作的墨并称为文房"三大名品"。据说史学家蔡邕"每每作书，非左伯纸不妄下笔"，可见其声誉之高。

自我修复的树皮

树皮是木质植物，内含物木素、果胶、蛋白质，造纸主要利用树皮中的纤维素，制成浆液加胶。

东汉

来越成熟，经过了70多道工序，终于可以制造出大批廉价、实用的纸张。

元兴元年（105年），蔡伦把发明纸的过程详细记录下来，连同自己制造的纸张，进献给汉和帝与邓皇后。

汉和帝非常高兴，亲自书写试验后厚厚赏赐了蔡伦，并把造纸方法颁布天下，下令在全国推广。于是，蔡伦的造纸术很快传播到全国各地，受到各个阶层的欢迎。人们为了感谢蔡伦，亲切地将这种纸称为"蔡侯纸"。

延平元年（106年），清河王的儿子刘祜继位为汉安帝，蔡伦不免为以前奉窦皇后之命所做之事而忧心忡忡。好在大权仍然掌握在邓太后手中，蔡伦被封为龙亭侯，封地300户，步入王公贵族行列，后来又当上长乐太仆，受汉安帝之命，负责监督学者们校正各种典籍。

永宁二年（121年），邓太后去世。汉安帝亲政，开始清算以前的事，并下令让蔡伦自行认罪。蔡伦觉得与其坐以待毙，不如自行了断，于是在沐浴后穿戴整齐服毒而死。

蔡伦造纸术模拟场景

出自河南安阳中国文字博物馆。第一步砍下竹子置于水塘浸泡，使纤维充分吸水；可以再加上树皮、麻头和旧渔网等植物原料捣碎。第二步把碎料煮烂，使纤维分散，直到煮成纸浆，用大石压有助于完全煮烂。第三步待纸浆冷却，再使用平板式的竹帘把纸浆捞起，过滤水分，成为纸膜。第四步将捞好的纸膜一张张叠好，用木板压紧，上置重石，将水压出。第五步把压到半干的纸膜贴在炉火边上烘干，揭下即为成品。

> 107年—118年

时羌归附既久，无复器甲，或持竹竿木枝以代戈矛，或负板案以为楯，或执铜镜以象兵，郡县畏懦不能制。

——《后汉书·西羌列传》

先零之乱

汉羌矛盾由来已久，当二者之间的某个节点被骤然引爆，一场不可避免的战争就会发生。在整个东汉历史上，羌人一度取代匈奴，成为边境的第一大患。

时间
107年—118年

原因
东汉朝廷征发羌人屯戍西域，羌人不满大举逃亡，双方屡起冲突终致叛乱

战争主要经过
107年，邓骘、任尚统兵5万伐羌，结果大败；
113年，侯霸、马贤率军击败羌人；
116年—117年，邓遵、任尚、马贤率军大败羌人

平叛结果
118年，先零羌首领狼莫被刺身亡，长达十余年的先零之乱平复

早在汉宣帝时期，西汉著名将领赵充国曾屡次率兵打击侵犯边郡的先零羌。到了东汉，隐患较大、需要倾力应对的是北边的匈奴、乌桓、鲜卑等游牧民族，其次才是西边的山岳民族——羌族。后来，西羌日趋强盛，逐渐取代了匈奴，成为东汉最具威胁的边患。他们觊觎中原领土，不断侵入边郡，烧、杀、抢、掠无恶不作。

当时，羌人分为烧当羌、钟羌、参狼羌、牢羌、先零羌、虔人种羌、全无种羌、沈氏种羌、陇西种羌、白马羌、当煎羌等很多种族，其中有将近10个族群在东汉边境或兴或亡。东汉初期，归顺的羌人进入陕西、甘肃一带与汉人杂居，被官吏和豪强役使，积累下很多怨恨。

永初元年（107年）夏天，朝廷派骑都尉王弘征发金城、陇西、汉阳三郡的羌人去屯戍西域。羌人担心驻守远方不能回来，在前往酒泉郡的

汉·青铜双马饰
马是游牧民族常见的题材。此青铜饰件为一大一小母子马，小马站在母马背上，注重轮廓雕刻，细节简约，粗犷大方。

汉·青铜驴饰件

驴形象刻画极为精到,耳朵、鬃毛、面部、神态都极为生动。整体构思巧妙,铸造工艺高超。驴很早就被人们所驯养,用来驮运物资,汉时传入内地,成为奇畜而受到皇亲国戚的喜爱。此青铜驴牌饰带有浓重的游牧民族风格。

途中大举逃亡,各郡派兵拦阻,双方因冲突而发生叛乱,一部分羌人向西出了边塞,先零的一支部族滇零与钟羌各部族则深入河西走廊边郡,切断陇道大肆抢掠。

羌人归顺已久,手中没有兵器铠甲,随手抄起家伙就往上冲,有的人将竹竿、木棍当作戈矛,有的人将木板几案当作盾牌,甚至连铜镜都成了武器。羌人不顾生死的勇猛令郡守非常恐慌,担心事态无法控制,马上派人去洛阳请求支援。

可是直到冬天,朝廷才派车骑将军邓骘为主帅,西校尉任尚为副帅,率领屯骑、步兵、越骑、长水、射声五营兵,以及二河、二辅、汝南、南阳、颍川、太原、上党的部队共5万人驻守汉阳,以防羌人进攻。

永初二年(108年)春天,各郡的兵力尚未到达,数千钟羌人在冀县(今冀州市)西边进攻邓骘,杀死汉军1000多人,朝廷这才真正意识到羌人的来势汹汹。同年冬天,邓骘派任尚与从事中郎司马钧率领各郡部队,在平襄与滇零的数万羌军交战,结果大败,8000多汉军死在战场上。

得胜的滇零在北地郡自称天子,招集武都、参狼、上郡、西河各混杂居住的羌人部族,进攻京兆、左冯翊、右扶风三辅之地,并南下进入益州,杀死汉中郡太守董炳,在战乱中死亡的汉人百姓不计其数。

这次汉羌冲突整整持续了10多年,直到元初五年(118年),东汉朝廷才暂时将羌人安抚下来。为了平定羌人,东汉共调动兵力20万人,耗资巨大,导致国库空虚,并州、凉州等地荒凉衰败。

汉·青铜司南

司南是中国古代辨别方向用的一种仪器,被认为是现在所用指南针的始祖。

> 约45年—约117年

扶风曹世叔妻者,同郡班彪之女也,名昭,字惠班,一名姬。博学高才。世叔早卒,有节行法度。

——《后汉书·列女传》

女才子班昭

书香门弟,子女皆杰。在家族耀眼光环下,班昭并没有黯然隐没,反而大放异彩。这位东汉女才子完成了父兄未竟的夙愿,令《汉书》完整面世,手著一部《女诫》影响了后世女性上千年,直至现今仍在许多人心中根深蒂固。

历史地位
东汉女史学家、文学家

主要成就
续写《汉书》;
著《女诫》

著书思想
《女诫》强调男尊女卑思想,指出女性要有"三从之道"和"四德之仪"

家族名人
父亲:班彪;
长兄:班固;
次兄:班超;
丈夫:曹世叔

班昭读书图
班昭的卓越文采还表现在她写的《女诫》七篇中,包括:卑弱、夫妇、敬慎、妇行、专心、曲从和叔妹七章,从各个方面阐述了作为一个女子的行为准则。

完成父兄遗志

班昭(约45年—约117年)又名姬,字惠姬。她的父亲班彪是位著名学者,从青年起就收集史料,立志编著《史记后传》,以承续司马迁的《史记》,后来他因病去世,最后的心愿就是希望子女能够继续完成遗志。

班昭的兄长班固继承父志,在整理父亲撰写的60多篇《后传》时,叹其"所续前史未详",于是开始编写一部始于汉高祖创立大汉,终至王莽覆亡的《汉书》。没想到,有人告发他私改国史,一纸令书下来,班固入了大狱。班超得到消息,连夜赶到洛阳求见皇上,为哥哥班固求情。

班固出狱后,被拜为兰台令史,继续编撰《汉书》,为此艰苦耕耘20多年。永元元年(89年),正当这部巨著即将完成之时,大将军窦宪率兵攻打匈奴,想带着班固为其歌功颂德,便任命他为中护军,班固遂随军去了匈奴。因为此事,班固被视为同党,后来在窦宪擅权被杀时受到牵连死于狱中。

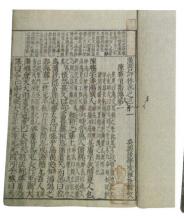

《汉书评林》书影
明代代表的《汉书》刊本之一，由明代学者、雕版印刷家凌稚隆所制。《汉书》，又名《前汉书》，东汉班固所著，是中国第一部纪传体断代史。班固因事入狱死时，《汉书》还没完成，班昭承其遗志，独立完成了第七表《百官公卿表》与第六志《天文志》，《汉书》遂成。

班固死后，《汉书》稿本散乱，汉和帝想起班昭是一位博览群书的才女，而且一直帮助父亲和兄长修史，便召她到皇室的东观藏书阁，继续撰写《汉书》。为了完成父兄遗志，班昭几十年如一日投入其中，整理、核校父兄留下的史籍和稿件，并在原稿基础上补写了《异姓诸侯王表》《诸侯王表》《高惠高后文功臣表》《景武昭宣元成功臣表》《外戚恩泽侯表》《百官公卿表》《古今人表》《天文志》。前后历经40年的《汉书》才得以面世。

《汉书》一经面世，就获得极高的评价，学者们争相传阅。据说因其文义深奥，很多人难以通晓。朝廷便让当时著名的大学者马融跟随班昭学习。为了聆听班昭的讲解，马融曾跪在东观藏书阁外，听得入了迷。

"曹大家"与《东征赋》

班昭的学问十分精深，除续写《汉书》之外，还著有赋、颂、铭、诔、哀辞、书、论等共十六篇，可惜大都失传。她的才能深得汉和帝的器重，多次入宫向皇后和诸嫔妃传授儒经、天文、数学等方面的知识，被宫中人视为师长，声名远扬。当时，人们把学识高、品德好的妇女尊称为"大家（gū）"，班昭14岁时嫁给同郡曹世叔为妻，因此人们又称她为"曹大家"。

太后邓绥临朝听政的时候，班昭以师长之尊时而参与政事，尽心竭力为其出谋划策。邓太后的兄长邓骘为大将军，平时颇受倚重，他们的母亲过世时，邓骘上书，请求辞职为母亲守孝。邓太后犹豫不决，便向班昭求策。

班昭想了想，认为邓太后应该批准邓骘功成身退，不然如果边关再起骚乱，将军前去平乱，只要略有差池，一世英名即毁于一旦。邓太后觉得很有道理，于是批准了邓骘的请求。

为了感谢班昭的忠心，邓太后封她的儿子曹成为关内侯。永初七年（113年）春，班昭随曹成到长垣就职长垣长。经过一路颠簸，进入长垣后，眼前的田园、农舍、村夫、城墟使班昭触景生情,想起自己的父亲、兄长,想起那些曾在长垣留下历史痕迹的先贤:孔子当年路经匡地,被误认为阳虎而遭围困;孔子高足子路治蒲有功,后来却被冤杀;卫国大夫蘧伯玉因德行高尚,被尊为卫地的表率……她觉得心中的感受有些不吐不快,于是仿照父亲的《北征赋》,一气呵成写就《东征赋》,将心中的矛盾与苦闷挥发出来,表达了对社会现实的无奈,呼吁人们洁身自好,坚持正道。

后来,这篇《东征赋》被南朝梁代昭明太子萧统编入《文选》,得以保存下来。

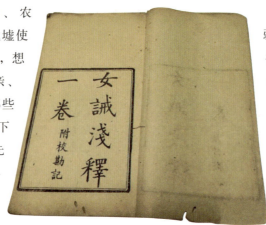

清光绪年间《女诫浅释一卷》附校勘记

著书《女诫》

班昭晚年时身体抱恙,班家女子又正当出嫁的年龄。班昭担心她们不懂女子礼仪,不但辱没班氏先祖,也令未来的夫家颜面尽失,于是著《女诫》,让她们用心品读,牢记在心。没想到,书成以后,竟然很快在京城流行起来,不久便风行各地,成为女子必读书之一。

《女诫》包括卑弱、夫妇、敬慎、妇行、专心、曲从、叔妹七章,提倡女子要有"三从之道"和"四德之仪"。在"卑弱"篇中,班昭引用《诗经·小雅》中的说法:"生男曰弄璋,生女曰弄瓦。"认为女性生来就不能与男性相提并论,应该从思想上认识到自己处于卑微的地位,清醒自己的性别角色,必须"晚寝早作,勿惮夙夜;执务和事,不辞剧易",才能克尽本分。

在"夫妇""敬慎""曲从"篇中,班昭强调女子必须无条件顺从丈夫及公婆,一切以谦顺为主,要做到逆来顺受。班昭主张女子的天地在于家庭,应在家操持家务,专心纺织只需有"治内之才",无须其他才能。

班昭倡导的女性观念成为封建王朝禁锢女子的行为准则,极大限制了女性的思想和自由,影响了中国历史1000多年。

元初四年(117年),班昭病逝,皇太后为她素服举哀,并派使者监办丧事,给予极大的尊重。班昭在文学和史学上取得的成就为后人敬仰,金星上有一个陨石坑,就是为了纪念她而命名的"班昭陨石坑"。

东汉·绿釉三层陶望楼

建筑明器，陶质，通体绿釉。下为圆形池塘，内有龟、鱼、鸭等水族动物浮游，并矗立一座两层重檐四阿顶楼阁，一层、二层各有围栏环周，角檐处皆有45°角斜挑梁转角拱，正脊上站立一只振翅欲飞的朱雀，各垂脊置有飞鸟装饰，房坡上布瓦垄。整个楼阁布有迎宾俑、吹奏俑、张弓欲射俑，还有一位主人正在临阁眺望。通施绿釉。从楼阁建筑及设施可知，这是一座可居、可眺望的别墅式模型，也是达官显贵们空幻升仙的理想寓所，又是瞭敌防御永保安乐的建筑工事。因此，它是研究东汉建筑史及社会生活史极其珍贵的实物资料。现藏于美国弗利尔美术馆。

> 107年—127年

勇字宜僚，少有父风。永初元年，西域反叛，以勇为军司马。与兄雄俱出敦煌，迎都护及西域甲卒而还。

——《后汉书·班梁列传》

班勇三通西域

名臣之后，王室之子，自幼长于西域，遍访诸国，每有见闻，以笔志之。一朝西域叛之，丰富的阅历和血液里的果敢便派上了用场。为国一生，终得善终。

历史地位
东汉名将

出身
父：班超
母：疏勒国王室之女

代表作品
《西域记》

主要成就
三通西域，平定六国，驱逐匈奴

御匈意义
使东汉王朝对西域的统治一直维持到汉献帝时期

名将之后，奏复西域

东汉自建立以来，曾几度中断与西域的关系，幸有班超以其出类拔萃的军事外交才能及超人一等的胆略和韧性，经过数十年的努力，统一了西域各国，恢复汉朝对西域的统治。班超回朝后，继任的都护任尚因不善管理，制度苛刻，与西域诸国失和，屡次受到攻击。后来任尚虽被调回治罪，但东汉朝廷已经控制不住西域的局势。

永初元年（107年），西域诸国在匈奴的策动下相继反叛，任尚无力镇压，朝廷任班勇为军司马，与其兄班雄从敦煌出兵，前往西域救援。

班勇（？—127年）是班超的小儿子，字宜僚，为人勇敢坚毅，做事颇有其父之风。此次出兵，汉军顺利接回都护和驻屯西域的将士，接着罢除在西域的都护设置，其后十多年没有再向西域派遣使节。

元初六年(119年)，敦煌太守曹宗决定以攻为守，派长史索班率领1000多人屯驻在伊吾(今新

汉·蟠螭纹玉璧
蟠螭首尾相连，圆眼细眉，身体细长，卷云形尾。装饰性用玉，蟠螭是传说中没有角的龙，寓意美好吉祥。

疆哈密一带），希冀能恢复对西域的统治。班超在西域活动30多年，给西域人留下较好的印象，再加上匈奴经常掠夺，而大汉对西域的贡奉一向加倍奉还。因此，车师前王和鄯善王得知大汉使者到达，第一时间前来投靠。

几个月后，北匈奴担心西域重归大汉，纠集车师后部联合起兵攻打伊吾。联军杀了索班，赶走车师前王，占领向北的道路。鄯善王自知陷入危机，派人马不停蹄前去敦煌求救，曹宗立即上奏，请求朝廷出兵5000攻打北匈奴，全面收复对西域的统治权。

邓太后召群臣上朝商议对策。很多大臣认为每年将大量银钱消耗在那里，实在没有必要，提议关闭玉门关，彻底放弃西域。

班勇却持不同意见，他认为西域对东汉非常重要，能起到分化匈奴的作用，守住西域就等于扼住匈奴的咽喉。他建议恢复校尉，派少数兵力前往西域，留300人屯驻敦煌故地，500人屯驻楼兰——东边连接敦煌，西边挡住焉耆、龟兹的来路，南边给鄯善、于阗壮胆，北面抵御匈奴。最主要是让西域各国相信东汉不会放弃西域，以打消他们的顾虑。

那些反对的大臣质问道："朝廷以前放弃西域，是因为对中原没什么益处，而且钱粮、兵源的供给都不是小数目。车师、鄯善等小国根本不能信任，一旦他们反水倒戈，班将军能保证匈奴不来侵犯边界吗？"

班勇反驳道："如果各郡县的地方官能保证辖区内不出盗贼，我就能保证不出边乱。如果放弃西域，就等于将其推给北匈奴，将来他们肯定会联合起

高颐阙
位于四川雅安市城市建设新区。汉阙是中国古代特有的建筑设施，由主阙和子阙组成，有阙墓、阙身、阙顶三部分，既是一种古老的建筑艺术，又是一种特殊的石刻珍品，是研究当时历史文化、建筑、雕塑、美术的重要实体。高颐阙是全国唯一碑、阙、墓、神道、石兽保存最为完整的汉代葬制实体，其阙身则是中国保存最为完好、雕刻最为精美、内容最为丰富的珍贵古迹。阙前"天禄""辟邪"两具石兽，为东汉石刻精品。

东汉·青铜器座

此器座为屏风固定配件,雕制为人骑龙形,龙首巨大,人面清晰,底部刻"汉延光,正四方,乐未央,宜侯王"12字吉语。形制奇特,非常少见。现藏于美国弗利尔美术馆。

来进犯河西，甚至直入中原，到时候可就不是耗费财力那么简单了。"

最后，邓太后部分采纳了班勇的建议，设置西域副校尉，恢复敦煌营兵300人，让班勇驻在敦煌但不出屯。结果不出班勇所料，虽然西域各方暂时得到控制，但匈奴多次与车师进犯边地，使河西不堪其扰。

平定诸国，驱逐匈奴

延光二年（123年），朝廷任班勇为西域长史，率领兵士500人去柳中驻扎。延光三年（124年）正月，班勇抵达楼兰，代表朝廷奖赏归附汉朝的鄯善王以三绶印信。对于尚在犹豫的龟兹王白英，班勇动之以情晓之以理，恩威并施，终于将其争取过来，姑墨、温宿两国的国王也跟着白英一起归降。接着，班勇调集龟兹等国的步、骑兵1万多人，前往车师前国，在伊和谷赶走匈奴伊蠡王，俘虏5000余人，重新与车师前国建立联系。得胜回到柳中后，班勇带领将士们休养生息，一边防守一边种田。

延光四年（125年）秋，收完了粮食，班勇调集敦煌、张掖、酒泉等地6000骑兵，联合鄯善、疏勒、车师前部的兵力，一起攻打车师后部，斩首俘获8000多人，马畜5万多头。班勇将车师后部王军就和匈奴持节使者押到杀死前长史索班的地方，斩首告慰亡者，为其报仇雪耻，并随后将首级传送到京师。

第二年，班勇另立车师国后部故王子加特奴为王，又杀了东且弥王，另立他人，平定了车师六国。

同年冬天，北匈奴单于见班勇在西域连战连胜，最重要的盟友车师也归附了东汉，赶紧派呼衍王率兵进攻车师。班勇调集西域各国兵力迎战，一举击败匈奴，呼衍王趁乱逃走，单于的堂兄及2万多部下全部投降。为了彻底切断车师与匈奴的联系，班勇让加特奴亲手将单于的堂兄杀死。北匈奴单于见状，率领1万多骑兵前来交战，结果落败而归，从此车师国再无匈奴势力。

虎父无犬子，在班勇的管理下，西域形势一片大好，除焉耆王元孟尚在观望，其他城邦均已归附大汉。

永建二年（127年），班勇上书请求增兵进攻焉耆。于是，朝廷派敦煌太守张朗率河西四郡3000兵力前来支援。班勇调集西域诸国4万余兵力，与张朗兵分两路，约定时间在焉耆会合。张朗曾犯过罪，为了将功赎罪，他指挥军队兼程疾行，先期到达焉耆，未等班勇便发起进攻。焉耆王元孟恐兵败身亡，赶紧主动投降，让儿子做了人质。

就这样，张朗得胜回朝，前罪赦免，还受到了褒奖。而班勇却因迟到被召回洛阳，免官下狱，虽然很快得到赦免，但没过多久他便抑郁而死。

班勇之后，东汉基本维持了对西域的统治，直到汉献帝建安年间中原大乱，与西域的联系才告中断。

59年—124年

> 震少好学，受《欧阳尚书》于太常桓郁，明经博览，无不穷究。诸儒为之语曰："关西孔子杨伯起。"
>
> ——《后汉书·杨震传》

清白吏杨震

历史上因媚而贵者多见，因谏而贵者少有。虽知逆龙鳞的下场，却忠于职守勇敢出言，杨震直言时弊，指陈君过，屡谏无果反遭诬陷，终死不瞑目。

主要事迹
屡谏安帝

代表作品
《上疏请出乳母王圣》《谏为王圣修第疏》《因地震复上疏》

历史地位
东汉名臣，以清正廉直、忠言进谏、家风清白而著称

逸事典故
暮夜却金

杨震雕像

暮夜却金，以德育人

杨震（59年—124年），字伯起，东汉弘农华阴（今陕西华阴县）人，因博览群书，知识渊博，被世人誉为"关西孔子"。他潜心学术，传道授业20余载，前来学习者络绎不绝。

汉安帝时期，大将军邓骘听闻杨震学识渊博、品德高尚，亲自派人邀其入朝为官。他进入仕途后，因政绩卓越，任人唯贤，多次受到提拔。

杨震在荆州担任刺史的时候，推荐才华横溢的王密做了昌邑知县。数年后，杨震途经昌邑，王密得知，特地在深夜来拜谢知遇之恩，并奉上十斤黄金。杨震非常生气，指责道："我因为了解你的才能和人品，所以才举荐你为朝廷效力，可你却不了解我做人的准则，这是什么原因？"

王密低声说："我非常感恩大人的举荐，只是无以回报才出此下策。现在正是夜深人静之时，绝对不会有人知道送金之事，大人请放心收下。"

杨震正色道："上天知道，神明知道，我知道，你知道，怎么是没有人知道！为官要造福四方百姓，应以清廉为

本。如果认为没有人知道就收受贿赂，这不是欺世盗名吗？请你把这些东西拿回去！"一席话说得王密无地自容，只好拿着黄金走了。

杨震担任太尉的时候，宦官李常侍想为兄长谋个官职。他知道杨震廉洁奉公、铁面无私，怕自己碰钉子，就拜托时任大鸿胪的皇舅耿宝向杨震推荐。杨震果然没有同意，耿宝暗示事成以后，李常侍必有重谢。杨震笑问："吾食国之俸禄，还需要什么呢？"

耿宝很生气，提醒说李常侍是皇上眼前的红人，推荐其兄就是皇上的意思。杨震依然不为所动："如果没有朝廷的任命书，无论是谁的意思，我都帮不上忙。"耿宝无奈，愤然而去。

杨震在家里几乎每天都是布衣素食，朝廷配给的公车也从不私用。亲友们劝其置办一些产业，将来留给子孙后代，杨震说："古有明训，传子以金不如传子以德。人遗子孙以钱财，吾遗子孙以清白吏美德，这份遗产丰厚之至！"意思是传给子孙清白的美德，才是最丰厚的遗产。

为国推贤匪惠私，
十金为报遂相危。
无言暗室何人见，
怎尺斯须已四知。
——唐·周昙

杨震

进出皇宫。

杨震上书劝谏，期望汉安帝能明察秋毫，远离奸诈女子和小人，勿让别有用心、贪得无厌之人充斥朝廷；同时，还要发扬古人推崇的忠、信、敬、刚、柔、和、固、贞、顺等美德，任人唯贤，减少百姓的赋役，谨慎使用封赏、拜爵的权力，对诸侯国不要横征暴敛，令天下百姓安居乐业。可是汉安帝并不是明君，他将奏折拿给王圣等人浏览，王圣对杨震更加怨恨。

延光二年(123年)，汉安帝下诏为乳母王圣兴建一座豪华私邸。杨震再次上书苦谏，规劝汉安帝不要在国库空虚、农忙时节、边关受扰之际动用大量

东汉·建筑人物图
铜山县（今铜山区）黄山村出土，画面中室内二人对饮，室外分立的为侍从。

苦谏无果，反遭陷害

永宁二年（121年），邓太后去世，后宫的女人们渐渐变得骄纵起来。汉安帝的乳母王圣倚仗抚养之功，经常交际朝臣，接受贿赂，连她的女儿伯荣都可以随意

东汉·绿釉陶望楼

望楼为明二暗三的楼阁结构,分为上、中、下三层,下层房间立于三层台阶的高台之上,有长方形门窗,歇山檐,檐下出两个三层斗拱,并设有楼梯,一名男子正在拾级而上。中层房间位于下层房间的栏杆之下,有两个窗户,并有五个斗拱。斗拱上承镂空栏杆,栏杆上承平台,平台之上为顶楼,重檐阿顶式,檐前出拱,两侧有圆形窗户,前面为两个长方形窗户和一个菱花形窗户。在右侧窗口,有一个女子正在倚窗眺望。屋顶布瓦垄,四面起脊。此楼通体施绿釉,釉色明亮,整个楼房的设计十分巧妙,斗拱、楼梯、窗户、栏杆十分写实,从男子和女子的位置来看,这座楼房很可能表现的是女子的闺楼,是汉代富贵人家生活的真实反映。现藏于美国纽约大都会艺术博物馆。

的人力、财力、物力，以免造成"财尽则怨，力尽则叛"的大乱局面，结果汉安帝依然没有理会。后来，由于民间发生地震，杨震又多次上疏规劝汉安帝远离骄奢之徒，因言辞激烈，惹得汉安帝很不高兴。

河间郡有一个叫赵藤的人到宫门上书，批评朝政。汉安帝阅后大发雷霆，将其收捕入狱严刑拷打，杨震设法搭救未获成功。宦官中常侍樊丰及侍中周广、谢恽等人见汉安帝根本不信任杨震，便于第二年趁着皇上外出东巡，肆无忌惮地假造诏书，调用国库钱粮，大张旗鼓地建造私宅。

杨震拿到假诏书，准备等汉安帝归来时告发。樊丰等人决定先下手为强，诬告杨震因为赵藤和邓骘的死，对皇上怀恨在心。汉安帝回宫当晚，即命使者收回杨震的太尉印绶，罢免其官职后遣回原籍。

消息传出后，杨震以前的同僚、部下、门生及亲朋好友都聚集在城西的几阳亭为他送行。杨震悲愤地说："人固有一死，但我痛恨自己不能诛杀奸臣，也不能禁止恶婢女倾乱！我还有什么面目见天下人呢？我死之后，只需薄木为棺，薄布盖体，不入宗墓，不要祭祀。"说完后服毒而死。

延光四年（125年），汉安帝病逝，汉顺帝继位，下令处死罪大恶极的樊丰、周广等佞臣，为杨震申冤昭雪，并用三公之礼将这位社稷忠臣改葬在华阴潼亭，任命他的两个儿子为郎官。

杨震的一言一行对后代的影响颇深，杨氏一家四代为相，代代"能守家风，为世所贵"。他的儿子杨秉，以不饮酒、不贪财、不近色之"三不惑"而闻名，继承了父亲清正廉直、仗义执言的品格。身处逆境的时候，即使贫困到无米下锅，也坚决不受财物；延熹五年(162年)，因宦官专权，吏治败坏，杨秉不顾个人安危，执意谏言，还检举揭发贪官、冗官50多人，震惊了全国。

杨震的孙子杨赐任官期间，汉灵帝贪图享乐，不理朝政，导致宦官专权，拜官授爵如同儿戏。杨赐为国直言，上书指责朝廷任人唯亲，得到了世人的敬重。光和年间，宦官头目王甫指使属下窃取国库巨额资产，杨震的曾孙杨彪得知后立即揭发，为民除害，得到了天下人的交口称赞。

东汉·青铜龙纹镜

125年

及少帝薨,京白太后,征济北、河间王子。未至,而中黄门孙程合谋杀江京等,立济阴王,是为顺帝。

——《后汉书·皇后纪》

宦官政变立顺帝

进入公元2世纪,东汉王朝的诸多矛盾此起彼伏,外部的边患问题尚未解决,内部的权力斗争又起波澜。在汉顺帝登基前后,外戚与宦官之间的明争暗斗进入了另一轮白热化阶段,19名宦官成为此次宫廷内斗的发起者。

时间
125年

背景
汉安帝驾崩

内斗双方
一方:阎太后、阎显等;
另一方:刘保、孙程等

内斗结局
刘保登基;
外戚阎氏一族被处死或问罪,阎太后因惊吓过度而死

造成后果
宦官专权

政变成功,援立刘保

杨震去世后,汉安帝因为无人指责顿觉心情大好,决定带着皇后阎氏、国舅阎显、中常侍樊丰和江京等人出宫游玩。

没想到,刚出宫几天,汉安帝就得了急病死在路上。阎皇后一行人决定暂时隐瞒消息,以免朝臣得知后将废太子济阴王刘保迎立为皇上。因为按照

东汉·玉舞人
扁平状装饰品,呈站立状,单人舞和双人舞均有,穿小孔是为了方便佩在身上。汉代的玉舞人不太注重发饰,因此舞人头部没有做过多雕刻,平顶,一手在头上,衣袖盖住头顶,另一只手在下,身姿扭动。面部用细线刻出眉、眼、鼻、口,呈现出单纯简洁的整体形象,作风粗犷之中又显活泼生动。现藏于美国弗利尔美术馆。

常理，刘保是汉安帝唯一的儿子，最有资格继位为帝。当初，阎皇后颇费一番周折，才将刘保的生母李氏毒死，后来又指使樊丰和江京诬陷10岁的刘保谋反，使汉安帝废掉他的太子之位，贬为济阴王。

匆忙赶回洛阳后，阎皇后选中汉章帝的一个小孙子北乡侯刘懿做皇帝，这才对外发丧。她自己做了皇太后，封阎显为车骑将军，执掌朝廷大权。

济阴王刘保听说父皇驾崩，要求进宫为父皇哭丧，被阎太后阻止，说他是废太子，不再是汉安帝的儿子。刘保无法见父皇最后一面，悲痛得号啕大哭。宦官中常侍孙程非常同情刘保，将他劝回府。回府以后，刘保不吃不喝一直在哭。这件事传到外面，听说的人都唏嘘不已。

阎显上任后的第一件事，就是将朝中权力最高的太尉、司徒、司马三公全换成自己的心腹，然后联合他们一起，弹劾大将军耿宝、中常侍樊丰、乳娘王圣等人，说他们结党营私，大逆不道，抓起来投进监牢，然后由阎太后下一道懿旨，将他们全部斩首示众。

武氏祠画像石

武氏墓群石刻是东汉时期武氏家族墓地的石刻建筑，位于山东嘉祥县城南，现保存阙室、武氏祠画像石陈列室和西长廊共三个陈列室。武氏祠画像石内容丰富，取材广泛，有社会生活、历史故事、神话仙人、祥瑞灵异等多类题材，是研究汉代社会政治、经济、思想、文化、艺术等诸多方面珍贵资料。此画像石现藏于美国费城美术馆。

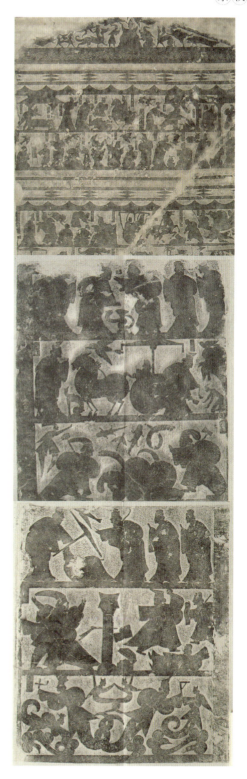

19位宦官从刘保居住的德阳殿出发，直扑章台门，将阎太后的几个死党就地处死。然后拉着吓得哆哆嗦嗦的雍乡侯李闰，到德阳殿拥立刘保为汉顺帝。

紧接着，孙程传达汉顺帝的命令，率领人马守住宫门，将阎太后软禁在离宫，逼着她交出玉玺；同时调动禁军和外朝大臣，抓捕阎氏外戚，一夜之间就完全控制住局面，并将阎家兄弟投入监牢处以死刑。阎太后惊恐加上忧郁过度，没过几天就去世了。

东汉·杂技演员铜牌饰
扁平状，铜质，两个人呈倒立状，两手撑地，两脚收缩至臀部，左脚之上各有一凌空而行的演员，这不但考验了杂技演员的胆量与平衡能力，也展现了汉代杂技演员高超的技艺。现藏于美国弗利尔美术馆。

于是，整个朝野几乎全被外戚阎氏掌控。可是没过几个月，小皇帝刘懿得了重病，奄奄一息。孙程想起刘保痛哭流涕的样子，想趁机帮他把权力夺回来，于是暗中联络18个中黄门，快马加鞭去联络刘保，准备推翻阎氏一族，拥护刘保继位。

刘懿夭折后，阎太后故技重演，秘不发丧，与阎显他们合计再找一个好掌控的刘氏幼子继位。然而，还没等他们安排妥当，孙程等人就已经开始行动了。

延光四年（125年）冬，孙程、王康、王国、黄龙、彭恺、孟叔、李建、王成、张贤、史汎、马国、王道、李元、杨佗、陈予、赵封、李刚、魏猛、苗光共

刘保终于稳稳当当坐上本应属于自己的皇位，他非常感激孙程等人对自己的恩情，加封以孙程为首的19位宦官为侯，并委以重任。就这样，东汉政权从外戚手中转移到宦官手中。

外戚梁商以身作则

永建七年（132年），18岁的汉顺帝立梁贵人为皇后，封岳父梁商为大将军。早在汉章帝的时候，梁氏便有两位女子曾嫁入宫中，其中一位是汉和帝的生母梁贵人，她被窦皇后陷害致死。为此，梁商看透了窦氏、邓氏、阎氏这些外戚家族的兴衰，不想卷入权势纷争之中，遂婉拒了汉顺帝的极力提拔。

汉顺帝又想封梁皇后的哥哥梁冀为襄邑侯，也被梁商推辞。为了躲避加官封爵的困扰，梁商干脆称病不上朝，在家休养了一年。然而，他越是谦逊推

辞，汉顺帝越是坚持非他不可，最后干脆派人到梁家授官，梁商没有办法，只好勉强接受。

为了避免前车之鉴，梁商以谦逊为本，每当有人奉承，就强调自己不过是凭裙带关系就职，没有什么真本事。平时遇到有学问的人，他总是虚心求教，态度谦和，而且积极向朝廷推荐一些德才兼备的人才。每次发生灾荒的时候，梁商都会把自家的稻谷运到城门外，说是朝廷发放的救助粮，赈济那些灾民。

即便梁商倍加谨慎，事事谦逊有礼，还是遭到一些别有用心的小人妒恨。永和四年（139年），宦官张逵诬陷梁商与宦官曹腾、孟贲策划谋反。汉顺帝一听，认为是无稽之谈，根本不信。张逵索性一不做二不休，伪造诏书囚禁了曹腾和孟贲。汉顺帝得知后大发雷霆，将张逵一行人抓起来审问。张逵在认罪的同时，交代出一批朝臣，一时间人人自危，朝廷内外的气氛十分压抑。

梁商为那些受到牵连的大臣们辩护，劝谏汉顺帝施刑不宜太宽，应尽快了结此案，

东汉·铁剪
出土于河南巩义铁生沟冶铁遗址，由当时的河南郡官营第三冶铁作坊。此剪经过生铁柔化处理工艺，这在中国和世界古代冶铁发展史上都具有重要意义。

停止无休止的牵连，以免累及无辜，扩大事态，造成更多无法弥补的冤案。汉顺帝觉得很有道理，接受了他的意见。

梁氏一族在梁商以身作则的带动下，都很注意自我约束，从不以权谋私，去做一些违法的事，除了梁冀。永和六年（141年）秋天，梁商病重，临终之前叮嘱梁冀，丧事一定要从简，不用三牲之礼，不用缝制新衣，也不用他人祭奠，祭祀所用食物与平时所食一样即可。

汉顺帝亲自到梁家吊唁，赏赐丰厚的陪葬物品，并赐予梁商"忠侯"的谥号。然而，令人遗憾的是，虽然梁商时时反躬自省，为国尽忠，他的儿子梁冀却完全违背父亲的做人准则，最终导致梁家的毁灭。

汉·文房用具
此为圆墨一锭，磨墨用的砚台一方。汉族传统文房用具，始于汉代。传统的文房四宝是指笔、墨、纸、砚，是中国独具特色的文书工具。

132年

如有地动,尊则振,龙机发,吐丸而蟾蜍衔之,振声激扬,伺者因此觉知。虽一龙发机,而七首不动,寻其方向,乃知震之所在。验之以事,合契若神。

——《后汉书·张衡传》

候风地动仪

古代先辈们太吝惜笔墨了,在史书中仅留下百十来个字来描述这件神奇又精密的仪器,以致在科技发达的今天,人们依然无法成功再现张衡当年的作品,候风地动仪里隐藏着一个千年未解之谜。

制造时间
132年

主要部件
内部:都柱、八道、牙机等;外部:形似酒樽,其上有八条龙、八只蟾蜍、铜珠丸,底有基座

工作原理
都柱内的候风摆运动到相关位置触发牙机

后世影响
它是世界上第一架测验地震的仪器,比欧洲出现地震仪的时间要早1700多年

张衡像
张衡为中国天文学、机械技术、地震学的发展做出了杰出的贡献,由于他的贡献突出,联合国天文组织将月球背面的一个环形山命名为"张衡环形山",太阳系中的1802号小行星命名为"张衡星"。

东汉时期,中原经常发生地震。据史书记载,从永元元年(89年)到永和五年(140年),洛阳和陇西一带发生过33次地震。元初六年(119年)发生的两次大地震,波及范围达十几个郡,造成大批房屋倒塌,人畜伤亡,损失非常惨重。当时有一种迷信思想,认为地震是上天发怒,是不吉的征兆,朝廷因此增加民众赋税,用来进行祈祷祭祀活动。

太史令张衡却不相信关于地震的迷信说法,他认为地震是一种自然现象,只不过人们对其了解太少。因此,张衡投入全部精力,专门研究地震。他希望自己能发现地震形成的原因及规律,能够准确预报地震,减少伤亡和损失。

张衡翻阅所有关于地震的历史记录,而且多次前往地震发生地勘测相关数据,细心总结其中的规律,用科学思维分析地震产生的原因。经过大量的考察和试验,永建七年(132年),张衡制

造出世界上第一台能够测出地震的仪器——候风地动仪。

这台地动仪使用青铜制造，形状像一个圆圆的大酒坛，直径近1米。仪器中心有1根粗铜柱，被八根细铜杆簇拥着。仪器外表浇铸着8条龙，龙头微微向上，对应连着里面的8根细铜杆，朝向东、南、西、北、东北、东南、西北、西南8个方向。每条龙的嘴里含着1颗小铜球，龙头下面各蹲着1只张大嘴的蛤蟆。若是哪个方向发生了地震，铜杆就会朝那个方向倾斜，带动龙头，使朝着那个方向的龙嘴自动张开，吐出铜球，掉在蛤蟆嘴里，发出响亮的声音，人们就知道哪里发生地震了。

当时，大家对地动仪的作用将信将疑，有人还取笑张衡，说他设计的仪器叫"蛤蟆戏龙"。然而，事实总是胜于雄辩。阳嘉二年（133年），地动仪准确地测到洛阳发生地震，此后4年的时间里，洛阳先后发生3次地震，地动仪无一次失误，众人这才心服口服地称赞张衡。

永和三年（138年）的某一天，朝着西方那条龙嘴里的小铜球，突然掉进下面的蛤蟆嘴里，却没有人感觉到地动。于是，一些原本对地动仪持怀疑态度的人开始说风凉话，说地动仪没有实际用途，只能测到洛阳附近的地震。几天后，有人快马加鞭来报告，距离洛阳500多千米的金城、陇西一带发生大地震。那些怀疑论者纷纷闭上嘴巴，再也不敢质疑了。

自那时起，中国开始了用仪器远距离观测和记录地震的历史。虽然它的功能只限于测知震中的大概方位，却超越了其他国家1700多年。

张衡的全面成就

行业	代表作品
文学	《七辩》《二京赋》《思玄赋》《归田赋》《四愁诗》
数学	著《算罔论》
天文学	著《灵宪》，制演示天球星象运动的浑天仪和三级计时刻漏
历法	在《九道法》中提出定朔的概念
地震学	发明候风地动仪
地理学	画过一幅地形图，唐朝以后佚失
其他方面	制作会飞的木鸟、指南车、三轮器械、记里鼓车

147年

貌状有奇表，鼎角匿犀，足履龟文。少好学，常步行寻师，不远千里。遂究览坟籍，结交英贤。四方有志之士，多慕其风而来学。京师咸叹曰："是复为李公矣。"

——《东汉书·李固传》

太尉李固入狱

骨骼清奇，才学满腹，为人师表，言行有度，如此优秀的人才本应官运亨通，但李固却因为得罪了当朝权贵梁冀而招致飞来横祸，结果被逼得入狱自杀，造成历史上的一桩冤案和惨祸。

时间
147年

起因
不畏权贵，言语耿直，得罪宦官和梁冀

主要官职
太尉、录尚书事

主要成就
安定荆州

代表作品
《议立嗣先与梁冀书》《遗黄琼书》等

逸事典故
父不肯立帝，子不肯立王

智降盗贼，树敌梁冀

李固（94年—147年），字子坚，汉中南郑（今陕西西南边陲）人。据史书记载，李固相貌奇特，头骨有如鼎足的突起隐入发际，脚板有龟背的纹理，见者无不称奇。李固从小好学，长大后常不远千里寻访名师，读过很多珍贵古书，结交不少英贤之士。因其博学多才之名远扬，司隶、益州曾下令让郡里推举李固为孝廉，想拜为司空掾，都被他婉言谢绝。

阳嘉二年（133年），国内频发自然灾害，公卿推举李固去朝中商议对策。汉顺帝特地下诏询问当时的弊端，以及为政者应该做些什么。李固博古论今，对答如流，汉顺帝非常满意，采纳了一些李固所说的对策，并任用他为议郎。

然而，宫中宦官憎恨李固言语耿直，暗地里设

李固像
李固（94年—147年），字子坚，汉中南郑人。年少时好学，通晓于风角、星算、谶纬之术。历任将作大匠、大司农、太尉，顺帝驾崩后为梁皇后所倚重，但受到梁冀的忌恨。质帝驾崩后，与梁冀争辩，不肯立刘志（即汉桓帝）为帝，最后遭梁冀诬告杀害。

孟尝还珠

东汉人孟尝受人举荐为广西合浦太守。合浦不生产粮食,但出产珍宝。合浦与交趾接壤,常常互相通商,购买粮食。以前合浦郡的官员多为贪婪污秽之辈,责成人们采集,不知限度,珍珠逐渐迁徙到交趾界内去了。结果客商不再来了,人和牲畜都没有吃的,穷苦的人饿死在道边。孟尝上任后,革除过去的弊端,访求百姓的疾苦和有利于百姓的事情(兴利除弊)。还不到一年的时间,离开的珠蚌又回到合浦了,老百姓都恢复他们的本业,商人开始来往,货物开始流通,孟尝被称赞为明智如神。

计诬陷,导致他迟迟不能到任。李固回到汉中,闭门谢客,直到半年后才被梁商请出来就任。

后来,荆州频起盗贼,朝廷任命李固为荆州刺史。李固到任后,并没有大开杀戒,而是先赦免盗寇以前的罪行,给他们改过自新的机会,又派遣官吏到民间慰问,解决百姓当下之急。过了不久,盗贼首领夏密见李固处事仁义,主动聚集盗贼600多人,自己捆绑着前来自首。李固没有处罚他们,而是让他们回去向其他盗贼宣扬律法,自我悔改。不到半年时间,所有盗贼全部归降,荆州终于恢复清明之象。

汉顺帝和梁商非常欣赏李固的才能,升其为太尉。梁商去世后,梁冀承继爵位,在朝廷上嚣张跋扈,李固很为朝廷忧虑。

汉顺帝驾崩后,梁冀不按惯例立长而立幼,将李固提议的清河王刘蒜置于一边。汉冲帝夭折后,梁冀依然选择年纪小的刘缵继位,可惜没当多久皇帝,刘缵就被梁冀毒死了。

李固担心梁冀再次立幼,与司徒胡广、司空赵戒二次提及应立年长的刘蒜。于是,梁冀召集三公、中二千石及列侯共同讨论此事。结果,李固、杜乔等人都认为清河王明德仁厚,而且是汉

东汉·青瓷刻纹镂空簋

簋圆形,附盖。口沿微外撇,弧腹,高圈足稍外撇。胎色灰白。通体施釉,釉色青中泛褐。盖顶置环形钮,钮上套圆环,并塑有三个兽形足。盖面刻花叶和三角纹。口沿镂空小圆孔一周并刻画树枝纹。腹部刻菱形纹。簋为盛食器,功能相当于大碗,以陶质、青铜质或瓷质较为常见。现藏于美国耶鲁大学艺术陈列馆。

东汉·铜人物牌饰

扁平状，人物身着汉代民间常见的宽服，右手抓着一只动物，左手握刀缩在腰间，刻画线条简洁，但人物和动物的神态皆现。兔子从新石器时代开始，就一直是人们的肉食来源之一。两汉时有记载显示人们已经在自己的家里养殖兔子。

质帝的兄长，血缘最近。梁冀一时无法反驳，只好宣布暂停讨论。第二天，梁冀强硬逼迫群臣拥立蠡吾侯刘志，只有李固反对。

李固写信给梁冀，陈述立长不立幼的道理。梁冀本来就不爱看书信，见李固没完没了，就让梁太后撤其职务。为了离间他与杜乔的关系，梁冀特意又让杜乔接替太尉一职。

无辜受害，被逼自尽

建和元年（147年），汉桓帝迎娶梁女莹为皇后，梁冀想给妹妹许下一份极尽奢华的聘礼，结果遭到杜乔的反对，说不能破坏皇家规矩。梁冀恨得牙根发痒，正巧洛阳发生地震，有人上书说京师地震罪在太尉。于是，梁太后将杜乔免了职。

同年，清河人刘文与南郡人刘鲔勾结在一起密谋造反，想拥立刘蒜为帝，并放出谣言说清河王刘蒜当一统天下。结果事情败露，刘文等人被朝廷追杀。刘蒜无辜被牵连，贬其爵位被流放，后自杀而死。

梁冀借此机会，诬蔑李固与杜乔参与谋反案，还指使一些官员上书控诉李固假公济私、行为不轨、网罗门徒、自成一党……汉桓帝非常生气，下令将他抓起来拷问。李固的学生们听说老师被抓，一起到宫门请愿。梁太后怕事态闹大，不得不下令释放。当李固出现在众人面前，洛阳城响起一阵高呼"万岁"的声音。李固如此深得人心，令梁冀、梁太后大为震惊。梁冀担心对方的势力越来越大，李固就又被抓起来，在监狱里受尽折磨，最后自杀而死。

接下来，梁冀威胁杜乔，让他听从自己的摆布，否则全家老小不保。杜乔没有屈从，结果也被抓进监狱，受尽折磨而死。丧心病狂的梁冀将二人暴尸于城外，口出狂言："有敢临者加其罪！"

◆ 机智李文姬 ◆

李固在狱中罹难，3个儿子均被下诏抓捕，女儿李文姬贤而有智，她让两个哥哥李基、李兹服药假死，藏在棺材里准备出逃，但不幸被人发现均遭处死。李固最小的儿子李燮当时年仅13岁，被姐姐李文姬藏起来躲过一劫。待到梁冀被灭，李燮得以复出，转入仕途后终于光复家门。

汉·彩漆龙凤纹深腹盘
敞口,深腹,坦底,通体以红、黑、黄、赭等色绘龙纹和凤纹,画风质朴,线条流畅,漆色鲜亮。汉代是漆器生产的鼎盛时期,色彩鲜艳,花纹优美,装饰精致,是实用和美观结合的工艺品典范。

> ？—159年

冀字伯卓。为人鸢肩豺目，洞精矘眄，口吟舌言，裁能书计。

——《后汉书·梁冀传》

跋扈将军梁冀

梁冀顺理成章地继承了父亲的高职，却没有继承父亲的一分德行。这个历史上臭名昭著的弄权者在把持朝政将近20年的时间里，将东汉王朝搅得一片乌烟瘴气，也直接葬送了仅延续一代的梁氏基业。

主要官职
大将军、录尚书事

主要罪行
专权乱政，把持东汉朝政近20年；
毒杀汉质帝

家族名人
父亲：梁商；
弟弟：梁不疑、梁蒙；
妹妹：汉顺帝皇后梁妠，汉桓帝皇后梁女莹

排挤胞弟，毒杀幼帝

汉顺帝依靠宦官登上皇位，当然要重用宦官。宦官浮阳侯孙程死后，汉顺帝打破禁规，特许孙程的养子孙寿继承他的爵位和封地。想当初汉武帝和汉宣帝任用宦官，主要原因是他们没有后代，不至于自成势力，而汉顺帝却允许宦官的养子继承封赏，这犹如捅了马蜂窝，促使宦官们开始争权夺利，把朝廷搞得乌烟瘴气。

梁商去世后，汉顺帝让梁冀（？—159年）顺承父亲职位做了大将军，任梁不疑为河南府尹。梁冀是个标准的不学无术的纨绔子弟，外表非常凶恶：两肩耸如鹰鹞，两眼如狼，目光阴沉。他与曹节、曹腾等宦官勾结在一起，成为朝中一霸。

当时，梁冀的权势完全凌驾于皇帝之上，生杀予夺全凭个人喜怒。百官升迁或受诏都要先去梁府

孙寿像
孙寿（？—159年），东汉大将军梁冀的妻子。孙寿色美而善为妖态，梁冀对她既宠爱，又害怕。其作愁眉、啼妆、堕马髻、折腰步、龋齿笑的样子，竟然引领了当时社会的时尚潮流。孙寿与梁冀竞为奢暴，一门为官者达十余人，贪暴过于梁氏。汉桓帝诛梁氏时，夫妻双双畏罪自杀。

东汉·曹孝女庙图
出自明万历十五年（1587年）《绍兴府志》。曹孝女庙位于今浙江省上虞县（即上虞市），为纪念东汉孝女曹娥所立。曹娥（130年—143年），上虞皂湖乡曹家堡人。其父曹盱是一名巫师，汉安二年（143年）端午，曹盱驾船在舜江中迎潮神伍子胥，没入江水不得其尸。当时曹娥年仅14岁，遂投江而死，三日后曹娥尸抱父尸出，乡人为纪念曹娥的孝节，遂改舜江为曹娥江，以曹娥为水神。

投书谢恩，然后才敢到尚书省履行公务。对于那些胆敢冒犯自己的人，梁冀必除之而后快，手段极其狠毒。

19岁的郎中袁著比较年轻气盛，看不惯梁冀的任性妄为，上书历数梁冀罪行，结果被梁冀暗中缉捕。袁著死里逃生，隐姓埋名，又假装病死，最后还是没有逃出梁冀的魔爪，被活活打死。平日与袁著交好的刘常、郝洁、胡武等名儒都受到牵连。胡武几乎全家被杀，郝洁自知不能幸免于死，自带棺材到梁府门前上书谢罪，而后服毒自尽，这才保全一家老小。

梁冀自己肚子里没有多少墨水，却非常嫉妒学识渊博的人，甚至到了连兄弟子侄都不放过的地步。他的弟弟梁不疑博古通今，深得士人敬重。梁冀先将弟弟降了职，接着指使朝臣推荐自己的儿子梁胤担任河南府尹。

16岁的梁胤容貌丑陋，上任后时常遭人讥笑。梁不疑颇有君子之心，羞愧于与自家兄长有隔阂，便辞掉官位，回到家中与弟弟梁蒙隐居。梁冀还不甘心，派人监视梁不疑的日常活动，凡是上门探访的，均被梁冀寻机诬陷，百般折磨。

汉安二年（144年），汉顺帝因病去世，两岁的太子刘炳继位为汉冲帝。不到半年，汉冲帝夭折，太尉李固提议由清河王刘蒜继位，梁冀和梁太后却为了继续掌握大权，立了只有8岁的刘缵为汉质帝。

汉质帝却不喜欢嚣张跋扈的梁冀，有一天在朝堂上，当着众臣之面，汉质帝指着梁冀说：

东汉·鎏银嵌玉铜带钩
青铜制成，器型较大，通体鎏银，已脱落。钩首为兽，肚上由镶嵌的六块美玉和中间彩色玻璃组成的花朵形，奇特美观，整体看犹如一个大琵琶，非常华贵。现藏于美国弗利尔美术馆。

东汉·绿釉陶炉灶

随葬明器。该陶灶灶面上开有两个灶眼,灶面刻画有鱼、叉、勺等纹饰,灶一侧开有方形灶门,另一侧有圆形出烟孔。陶灶为随葬明器,常出土于汉代墓葬中,造型模拟实物,制作一般较为粗糙,该器物造型特殊,是研究汉代墓葬制度和饮食生活不可多得的材料。

"大将军是个跋扈将军!"

梁冀怕长大后的皇帝不好控制,就派人毒死了汉质帝。

梁氏获封,大肆圈地

刘缵死后,李固和大鸿胪杜乔等人担心梁冀又选个小孩子做皇帝,赶紧联名上书,请立清河王刘蒜。中常侍曹腾曾经拜谒过刘蒜,对方未以大礼接待,因此宫内宦官坚决反对立刘蒜。

这时,蠡吾侯刘翼之子刘志已经15岁,继承了父亲的封爵。梁太后想把妹妹梁女莹嫁给他,宣他进殿相亲。梁冀灵机一动,不如立刘志为帝,亲上加亲,朝廷要权就完全掌控在梁氏手中了。曹腾揣摩出梁冀的想法,连夜到梁家提议迎立刘志。于是,本初元年(146年),梁冀持节以帝王的青盖车将刘志迎入进宫继位,即汉桓帝,梁太后继续临朝听政。

建和元年(147年),汉桓帝加封梁冀食邑1.3万户,特增大将军府举荐人才的名额,又加封梁不疑为颖阴侯,梁不疑的弟弟梁蒙为西平侯,梁冀的儿子梁胤为襄邑侯,各食邑万户。

和平元年(150年),梁太后病逝。为了安慰梁氏家族,汉桓帝增封梁冀万户食邑,又封梁冀的妻子孙寿为襄城君。第二年,汉桓帝又特准梁冀尊享历朝名臣萧何、邓禹、霍光的待遇,极尽殊荣,而梁冀却毫无自知之明,"尤以所奏礼薄,意不悦"。

东汉·绿釉陶庭院
随葬明器。绿釉,庭院内有厕所、碾子、磨盘、狗、鸡、牛等,展示了墓主人生前的主要生活用具。

官吏们为了讨好梁冀,凡是朝廷调来的钱物,以及各地进献的贡品,都要先送到梁府挑选后才能付诸公用。为了求得奇珍异宝,梁冀不惜派使者去外国重金购买,或者以大汉的名义索求。他还将方圆数千里的山林划为自家禁地,在河南城西兴建纵横十里的兔苑,将在属地征集的兔子印上私有标志。曾有人不知禁忌,误杀了一只兔子,竟然被牵连致死10多人。

梁冀与妻子孙寿在城中繁华地段,各占一块对街土地,比着建造豪门大院,互相竞争夸耀;同时广开苑囿,采土筑山,在10里之内筑起9个山坡,溪流山林无所不有,飞鸟奇禽见于其中,宛如人间仙境。夫妇俩常常在苑囿里乘辇游玩,后面跟着许多歌妓和舞女,一路欢歌笑语不断。

梁冀还在城西另建宅第,专门招揽奸诈亡命之徒为自己卖命。汉桓帝大权旁落,凡事不能亲问,随着年龄的增长,他对梁冀的不满越来越深。

159年

八月丁丑，帝御前殿，诏司隶校尉张彪将兵围冀第，收大将军印绶，冀与妻皆自杀。

——《后汉书·桓帝纪》

厕所政变

宫中布满眼线，手中又无实权可用，这让傀儡国君刘志每日都备受煎熬，就连说句悄悄话也不得不避开耳目躲进厕所。不过，谋划地点虽然不雅，但他手下的几名宦官却出手狠辣，短时间之内便将根深蒂固的梁氏集团一网打尽。

背景
梁氏专权，汉桓帝刘志不甘心无权

主动发起方
汉桓帝刘志与宦官唐衡、单超、左悺、徐璜、具瑗

策划目标
以梁冀为首的梁氏集团行动时间

行动结果
梁冀自杀，梁氏被灭；
五宦官封侯；
汉桓帝摆脱梁氏掌控

直接影响
东汉政权再由外戚转入宦官手里

君臣之间积怨已深

梁太后临死前，虽然下诏"归政于帝"，但实际上朝政依然把握在大将军梁冀手中。朝廷上下、宫廷内外几乎都是梁冀的心腹，汉桓帝刘志的一举一动都在严密的监控之中，甚至连私生活都无法自己做主。

永兴元年（153年），黄河泛滥，冀州一带的河堤决口，淹死不少百姓，数十万人流离失所。当地官员非但不救助，还变相敲诈勒索，冀州的难民越聚越多，眼看会形成造反之势。朝廷接到上奏，决定派人前去安抚，并查办贪赃枉法的官员。侍御史朱穆嫉恶如仇，时常跟梁冀过不去，梁冀便提议由他出任冀州刺史，以待寻个由头滋事。

执法严明的朱穆没到灾区，就有40多个贪官污吏丢掉官印逃跑了。有人告发说宦官赵忠

东汉·翁仲石俑
此翁仲面部修长，蒜头鼻高耸，下巴尖长，表情沉郁。所谓的翁仲，原本指的是匈奴祭天的神像，约在秦汉时引入关内，当作宫殿的装饰之物，后专指陵墓前及神道两侧的文式百官石像。现藏于四川省博物院。

东汉

礼器碑（局部）
全称"汉鲁相韩敕造孔庙礼器碑"，东汉永寿二年(156年)立。碑阳16行，满行36字，碑阴及两侧皆题名。碑文记述鲁相韩敕修饰孔庙、增置各种礼器、吏民共同捐资立石以颂其德事。碑侧及碑阴刊刻捐资立石的官吏姓名及钱数。此碑自宋至今著录最多，历来被推为隶书极则。书风细劲雄健，端严而峻逸，方整秀丽兼而有之。现存山东曲阜孔庙。

的父亲下葬时，竟然穿了与皇室下葬级别相同的金缕玉衣。朱穆立即派人开棺调查，果真如此，于是把赵忠在当地的家人下了监狱。赵忠在宫内得知消息，跑到汉桓帝面前哭诉，说朱穆带人刨了他父亲的坟。梁冀也在旁边添油加醋地说些坏话。汉桓帝不敢不听，立刻派人去灾区，将朱穆抓回来关进大牢。

太学院的太学生知道后，聚集几千人在宫外要求释放朱穆，如果不放愿意陪他一起坐牢。梁冀提出立刻杀了朱穆，以免日后成为朝廷隐患。汉桓帝却放了朱穆，让他回到家乡南阳，梁冀暗中十分生气。太学生们又联合上书说："皇上要安定天下，就得任用忠良之臣，召回那些被免职的贤臣。"汉桓帝深以为然，却也知道自己做不了主。

延熹元年（158年）的一天，天空出现日食。太史令陈授上书，陈述国内屡现灾异，认为"咎在大将军"。梁冀知道后，暗地里授意洛阳郡守找个借口陷害陈授，将其害死在狱中。汉桓帝见梁冀随随便便就处死自己的近臣，心中十分愤怒，潜藏已久的君臣矛盾终于激发出来。

桓帝设计剿灭梁氏

没过多久,梁冀的妹妹梁皇后因病去世。汉桓帝喜欢邓贵人。邓贵人原名邓猛,是汉和帝邓皇后的侄孙女,父亲早逝,母亲宣带着她嫁给梁纪,梁纪是梁冀妻子孙寿的娘舅。孙寿见邓猛生得漂亮,认作自己的女儿,改姓为梁,后来又把她送进宫,得到汉桓帝的宠爱,封为贵人,因此外人都以为邓贵人是梁冀的女儿。

梁冀见邓贵人受宠,担心暴露她的身世,遂派刺客暗杀了邓猛在朝中担任议郎的姐夫邴尊,后来干脆又派刺客去杀邓猛的生母宣。事情没成,宣逃到宫里,向汉桓帝哭诉,汉桓帝终于下定决心除掉梁冀。可是,宫中到处是梁冀的眼线,应该与谁商量对策呢?百般无奈的汉桓帝走进厕所,随口将宦官小黄门唐衡叫了进去,悄悄地问:"宫里谁与梁家有仇怨?"

于是,唐衡跟汉桓帝在厕所商定了可以信赖的人选:中常侍单超、小黄门史左悺、中常侍徐璜、黄门令具瑗。

出了厕所,唐衡秘密将几人叫到汉桓帝的内室。汉桓帝在单超的胳膊上狠狠地咬出血,象征以血盟誓,然后共同商议如何除掉梁氏一族。

延熹二年(159年),一切准备就绪,汉桓帝亲自到前朝召集各尚书上殿,紧锣密鼓地部署除掉梁氏的行动:由尚书令尹勋持符节,率领丞相、郎中以下的官员,拿着兵器守住省阁,将各种符节收取上来;由黄门令具瑗率领1000多骑兵、虎贲、羽林、都侯剑戟士,与司隶校尉张彪一起,包

史晨碑(局部)
全称"鲁相史晨奏祀孔子庙碑",刻于东汉建宁二年(169年)三月。共17行,每行36字。碑文记载了当时鲁相史晨及长史李谦奏祀孔子的奏章,是著名的汉碑之一,碑字结体方整,端庄典雅。笔势中敛,疏密有致,行笔圆浑淳厚,有端庄肃穆的意度。现存山东曲阜孔庙。

围梁冀住宅；由光禄勋袁盱持符节去没收梁冀的大将军印绶，改封为比景都乡侯。

梁冀与孙寿自知罪大恶极，当即双双自杀而亡。梁冀掌控朝政20多年，梁氏一族前后有7人被封侯，夫人和女儿中有7人享有食邑，3人做了皇后，6人做了贵人，其他官至卿、将、尹、校的有近60人。汉桓帝下令尽除梁氏，无论老少均处以死刑，暴尸街头。朝中受到牵连的高官达数十人，因此被罢免的小官有300多人。

朝廷变卖梁冀的财产共获30多亿，全部充入国库。因为这项大收入，汉桓帝下令减免百姓一半的租税，还下令开放梁家的林苑，让贫民在里面安家立业。接着，汉桓帝论功行赏，将单超封为新丰侯、徐璜封为武原侯、左悺封为上蔡侯、具瑗封为东武阳侯、唐衡封为汝阳侯，史称"宦官五侯"。

过了不久，太监侯览拿出家底绸缎5000匹送给汉桓帝。汉桓帝将其封为准侯爵关内侯，后又谎称侯览参与清除梁氏，追封为高乡侯。接着，他在单超的申请下，将小黄门刘普、赵忠等8个宦官也封了侯。就这样，东汉政权又从外戚转到宦官手里。

持戟卫士画像石
1978年肥城北大留村北东汉墓出土。现存山东岱庙。

东汉京城的时尚代表孙寿

孙寿为东汉权臣梁冀之妻，《后汉书·梁冀传》写道："（孙寿）色美而善为妖态，作愁眉、啼妆、堕马髻、折腰步、龋齿笑，以为媚惑。"愁眉，就是把眉毛画得细而且曲折，像人发愁时的样子；啼妆，就是把眼睛下的粉擦得薄一些，好像被泪水冲过一样；堕马髻，从发髻中分出一绺头发任其自由散落；折腰步，就是走路的时好像腰肢要折断一样，类如现在的猫步；龋齿笑，就是笑的时候好像牙齿痛，有些遮掩的样子。

孙寿的这一系列媚惑男人的举止，没想到在当时的京城迅速传开，爱美的女性们都以其为时尚标杆，争相模仿她的行为，一时间，洛阳城内到处都是面庞悲愁，头梳堕马髻，走路摇晃的女人。这种风气甚至传到了各个封国，当时东汉国内的妇女都仿效开来。

延熹二年（159年），梁冀获罪被诛后，孙寿也随之自杀了，由她而起的这场时尚运动才得以平息。

▶ 166年—168年

于是天子震怒，班下郡国，逮捕党人，布告天下，使同忿疾，遂收执膺等。

——《后汉书·党锢列传》

党锢之祸

宦官与外戚轮流把持朝政，令昔日强大的东汉王朝转向衰败，看起来就像一位身染重疾的病人。后期爆发的一连串"党锢之祸"则如一颗致命毒瘤，令其病情雪上加霜，再难现出一丝回春之力。

背景
宦官专政、士人清议

时间
166年—167年，第一次"党锢之祸"；
168年，第二次"党锢之祸"

相关利益集团
以汉桓帝和众宦官为首的皇权派；以士大夫李膺、陈蕃为首的官员；以郭泰、贾彪为首的太学生

直接后果
忠臣被害或遭禁锢，宦官更加为所欲为，欺压百姓

间接后果
民变四起，导致黄巾之乱

清议、请愿与劝谏

汉桓帝继位后，借用宦官之力，诛灭长期掌控朝政的外戚梁氏一族。但随后，宦官又开始操纵朝廷大权，他们广树党羽滥用亲朋，在朝廷里到处安插亲信，在朝廷外大肆搜刮民脂民膏。当时，官僚痛恨宦官影响他们的利禄，文士痛恨宦官堵塞他们的仕途，民间还流传着一首嘲讽宦官选拔官吏的打油诗："举秀才，不知书；察孝廉，父别居；寒素清白浊如泥，高第良将怯如鸡。"

由于宦官主政，朝政昏庸腐败，有节气的士大夫都回归乡野，过着自食其力、与世无争的生活，朝廷屡次应召都拒而不受。不过，这些处士并非没有关注时事，他们纵论公卿，针砭时弊，成为乱政中的一股清流。

李膺像
李膺（110年—169年），字元礼，颍川郡襄城县（今河南襄城）人。初被举为孝廉，后升任青州刺史，历任渔阳、蜀郡太守，又转护乌桓校尉，屡次击破犯境的鲜卑。在职期间，公正严明，为人敬畏，是当时名士"八俊"之首。死于第二次"党锢之祸"。

陈蕃像

陈蕃（？—168年），字仲举，汝南平舆（今河南平舆北）人。初被举为孝廉，历郎中、豫州别驾从事、议郎、乐安太守。因不应梁冀私情被降为修武县令，任尚书。任内为政严峻，使吏民敬畏。后迁尚书令、大鸿胪、太尉，因与大将军窦武共同谋划剪除宦官，事败而死。

当时，洛阳太学有3万多学生，他们以郭泰、贾彪为首，讨论政治、抨击宦官，打造强大的舆论声势，官僚与文士也借此力量抨击宦官，逐渐形成所谓的"清议"。永兴元年（153年），太学生为朱穆打抱不平，聚集在一起请愿，指责"中官近习，窃持国柄，手握王爵，口含天宪"，要求释放朱穆。汉桓帝怕事态闹大，只好赦免朱穆，第一次请愿以太学生得胜结束。延熹五年（162年），皇甫规平羌有功，却遭宦官诬陷被判服刑苦役。于是，300多位太学生发起第二次请愿运动，皇甫规得以赦免。

处士的横议与太学生的力量，鼓舞了一些中下级的正直官吏，如河东太守刘祐、太山太守苑康、南阳太守成瑨、山阳太守翟超等人。他们不畏强势，对那些触犯律法的宦官及亲友，毫不留情地秉公处置。就这样，由处士、太学生、下级官吏组成了反宦官的中坚力量。那些宦官对他们恨之入骨，准备找机会在皇上面前诬蔑他们互结朋党，图谋不轨。

朝廷众臣因为李固与杜乔之死，虽不满宦官当权，但没有人敢站出来反对。这时，白马（今河南滑县）县令李云上书，指责汉桓帝不该滥封宦官，乱赏爵位，这样会让背井离乡驻守在边疆的将士们寒心。同时还指责汉桓帝不理政事，造成朝廷政事日坏，连诏书都不亲自过目。

李云的这封上书是"露布"上书，不像"上封事"那样只能皇上亲自拆阅，经手的官宦都可以看。此外，李云还另抄了三份副本送给三公，暗谴他们没有尽到谏劝之责。

东汉·陶牛车

牛车车盖呈圆拱形，前后伸出长檐。车厢内坐一男子，双手上举，做挥鞭赶牛之状，目视前方，口微张，似乎在吆喝牛。下部双轮出毂，长辕架于牛背之上。此车采取写实性手法制作，反映了汉代牛车的真实面貌。现藏于英国维多利亚和阿尔伯特博物馆。

徐稚像

徐稚（97年—168年），字孺子，豫章南昌（今南昌高新区北沥徐村）人。东汉时期名士，世称"南州高士"。曾屡次被朝廷及地方征召，终未出仕。因其"恭俭义让，淡泊明志"的处世哲学受到世人推崇，徐稚被认为是"人杰"的典范和楷模。

汉桓帝看了奏折，立即下令把李云抓进牢房，命中常侍管霸严刑拷打。弘农郡的五官掾杜众有感于李云的"忠"，上书为其辩解，并表示愿意一同赴死。汉桓帝更加生气，把杜众也关进牢房。

大鸿胪陈蕃、太常杨秉、郎中上官资等人纷纷上书，为李云和杜众求情。汉桓帝就下令将陈蕃、杨秉革职，其他人降级两等，并将李云、杜众处死。

引爆、抓捕与大赦

李云与杜众的死令太学生议论纷纷。为了息事宁人，汉桓帝启用太学生推崇的李膺为司隶校尉，陈蕃为太尉，王畅为尚书。延熹九年(166年)，宦官与党人之间积累的冲突终于爆发了，导火索是一个名叫张成的方士。张成因为善于察言观色，鼓吹自己能测吉凶、看星相，平时跟宦官混得很熟，连汉桓帝都请教过他。

有一天，张成听中常侍侯览说，朝廷近日要大赦天下，便召集了一群人，装模作样地占卜一番，告之说皇上即日大赦天下。

东汉士人党代表

称呼	人物	著称
三君	窦武、刘淑、陈蕃三人	"一世之所宗"，值得世上人学习的榜样
八俊	李膺、荀昱、杜密、王畅、刘佑、魏朗、赵典、朱㝢八人	"人之英"，人中英杰
八顾	郭林宗、宗慈、巴肃、夏馥、范滂、尹勋、蔡衍、羊陟八人	"能以德行引人者"，道德可以为他人榜样
八及	张俭、岑晊、刘表、陈翔、孔昱、苑康、檀敷、翟超八人	"能导人追宗者"，可以引导他人学习圣贤的人
八厨	度尚、张邈、王考、刘儒、胡毋班、秦周、蕃向、王章八人	"能以财救人者"，不惜家财，救助有难者的人

东 汉

东汉·寻阳令印

东汉·偏将军印章

东汉·强弩军市长

东汉·校尉之印

东汉·郎中户将

东汉·梁令之印

大家都认为张成在胡说八道，他为了证明自己，指使儿子杀了一个无辜者。

李膺抓住凶手未及审判，大赦诏书就下来了。张成得意扬扬："你们还不信我说的话？大赦诏书下来了，就等着司隶校尉赶紧把我儿子放出来吧。"此话传到李膺耳中，他想，预先知道大赦就故意杀人，这样的人获得大赦，天下岂不是没有王法了？于是，李膺下令将张成的儿子杀了。

张成去找宦官侯览和张让，让他们帮忙为儿子报仇。侯览和张让给了张成一份"党人"名单，让他上书控告李膺与太学生、处士"共为部党""诽讪朝廷，疑乱风俗"。汉桓帝将张成的控告书交给太尉陈蕃，命令他按照名单逮捕党人。

陈蕃一看，名单上全是当下名流，不肯执行。汉桓帝更加恼火，立即派人将李膺、杜密、陈寔等名单上的200多人，全部抓进监狱。陈蕃上奏为党人辩护，汉桓帝干脆将其革职。为了保护大家，李膺特意"供"出很多宦官子弟说是同党。侯览等人无法，只好对汉桓帝说天时不正，应该大赦天下。

延熹十年（167年），汉桓帝大赦，释放了所有党人。这次党锢之祸整整持续了10个月，没有党人被处死。但他们的名字被造册登记，分送太尉、司徒、司空三府，终身禁锢不得为官。

> 168年

陈蕃闻难,将官属诸生八十余人,并拔刃突入承明门……

——《资治通鉴·汉纪》

承明门事变

"党锢之祸"前后为患几近20年,令本就风雨飘摇的东汉王朝大厦将倾。当第二次"党锢之祸"发生,一场宦官与臣子之间的血腥搏杀正在激烈进行,承明门成为聚焦热点。

时间
168年

背景
第一次"党锢之祸"刚刚结束,宦官与士人、学生、清正官员之间的矛盾并未解决

事件
窦武、陈蕃等清正官员欲除宦官集团,结果计划泄露,曹节、王甫等宦官抢先下手

结果
窦、陈被杀,曹、王相庆

影响
大肆追捕党人,被逮捕、流徙、囚禁与诛杀者达几百人

延续
直至184年,汉灵帝宣布大赦党人,党锢问题才算彻底解决

五侯专权,良臣遇挫

汉桓帝对帮助自己夺权的宦官委以重任,所有逆耳忠言一概不理,致使朝廷大权落入宦官手中。他甚至任命新丰侯单超为车骑将军,与三公平起平坐,首开宦官担任朝廷最高官职之先河。

单超死后,汉桓帝赐予金缕玉衣及各种皇家陪葬品,还调动兵力为其修建庞大的墓地。剩下的四侯更加肆无忌惮,互相攀比:他们为自己建造的高宅大院如宫殿一般,他们的仆人出入有专车和卫士,他们的亲友沾点亲带点故的都做了官,变相搜刮黎民百姓。当时,民间流传一首歌谣:"左回天,具独坐,徐卧虎,唐雨堕。"意思是上蔡侯

东汉·彩绘陶狗
此狗红陶胎,胎质粗松,头部、前肢和躯干为分开制作后套合黏结而成。狗造型生动,竖耳,大鼻,短方嘴,眉间鼻梁皆有皱褶,上唇宽大而下垂,下唇短于下唇,昂首直颈,前肢直立,后肢曲坐,躯体肥硕,神态安详。一条宽带从颈部绕至背部结环,用于系绳牵控。颈部带上系有四个铃铛。从外形来看,此狗很像中国有名的斗犬沙皮狗,说明汉代人们已经对沙皮狗进行豢养,是汉代的名贵犬种之一。现藏于美国印第安纳波利斯艺术博物馆。

左悺有回天之力，东武阳侯具瑗唯我独尊，武原侯徐璜如同卧虎，汝阳侯唐衡势如雨下，无孔不入。

武原侯徐璜的侄子徐宣，担任下邳（今江苏睢宁县）县长。他听闻原汝南郡郡长李暠的女儿非常漂亮，欲娶其做小妾。遭到李暠的拒绝后，徐宣带人闯入李家，抢走李家女儿，把她绑在树上当箭靶，以对方的惊叫声与求救声为乐，最后一箭穿心射中可怜的女子。

东海相黄浮听说此事，派人将徐宣全家老老小小抓了起来，严刑拷问。黄浮的手下极力劝阻，以免得罪宦官，黄浮说："徐宣是国家的蠹贼，即使今天杀掉他，明天要我抵命，我也值得了！"最后徐宣被定了死罪，在街头被斩首，后又暴尸荒野。

徐璜和其他宦官纷纷向汉桓帝诉冤，汉桓帝非常生气，将黄浮判了髡钳重刑，谪入左校做苦工。

除了四侯，其他宦官也都恣意妄为，或在家乡大兴土木，或为亲友谋取官职。中常侍侯览的母亲在洛阳病逝后，他派人将灵柩运回老家防东（今山东单县东北）安葬，极尽奢侈地建造了一座高大堂皇的墓地，远远高出当时应有的下葬标准。

时任督邮的张俭不畏权势，上奏检举侯览的所作所为，奏折却被侯览利用职权拦截下来，根本呈不到汉桓帝面前。张俭得知非常气

汉衡方碑（局部）
全称"汉故卫尉卿衡府君之碑"，立于东汉灵帝建宁元年（168年），共20行，每行36字。为东汉步兵校尉衡方的门生故吏朱登等人以颂其功德所立。碑字结体宽博，笔画肥厚古拙，方圆兼备，折角敦方，以体丰骨壮而著称于世，被认为是汉隶方正类的典型之作。现存山东泰安岱庙。

愤，带领手下抄了侯家，再上奏相关情况，可奏折依然被拦截下来。

永康元年（167年），汉桓帝病逝，皇后窦妙被尊为皇太后临朝听政。因汉桓帝没有子女，在侍御史刘儵的推举下，河间王刘开的曾孙、汉桓帝的堂侄、12岁的刘宏继位，史称汉灵帝。第二年正月，刘宏正式登基，改元"建宁"。

窦氏欲起，奏章被截

汉灵帝继位后，由于年纪尚小，朝政掌握在以窦太后为首的外戚手中。她的父亲窦武被封为闻喜侯，兄弟窦机被封为渭阳侯，堂兄窦绍为鄠侯，窦靖为西乡侯，分别担任侍中、步兵校尉等职位。不过，窦太后很懂得任人唯贤之道，陈蕃、李膺、杜密等人重新得到重用，大事小事都与他们商议后再作决定。

窦太后有意限制宦官的权力，许多宦官也都收敛锋芒。但是，她在后宫免不了要接触宦官，曹节和王甫买通汉灵帝的乳母及窦太后的贴身宫女，时不时向窦太后献殷勤，渐渐取得她的信任。

陈蕃与窦武对此非常担忧，陈蕃郑重其事地对窦武说："我已经80岁了，只求帮助将军您铲除这些宦官，便

东汉·玉人
青玉质，圆雕作整体人形，以汉八刀手法在面部琢出眉目嘴鼻，头戴高冠，宽带博衣，衣领右衽。腰部两侧横钻一孔，用以系挂。

可死而瞑目。"

窦武去见女儿窦太后，提议诛杀或罢掉全部太监，窦太后犹豫不决。当时，中常侍管霸独断专行，窦武将其逮捕，与中常侍太监苏康一起处死。接着，窦武和陈蕃再三向窦太后提议诛杀曹节、王甫等宦官，窦太后于心不忍，此事拖而未决。

窦武无法，只好暗地收集曹节和王甫的罪行，果真找到了一个有力证据。延熹八年（165年），汉桓帝的亲弟弟渤海王刘悝被人弹劾意图谋反，汉桓帝不忍心诛杀，只收其封地，将其贬为廮陶王。刘悝私下联络王甫，希望他能帮自己恢复渤海国，事成以后，可答谢他5000万钱。汉桓帝驾崩后留下遗诏，恢复刘悝渤海王的身份。刘悝认为这是哥哥的遗愿，并非王甫出力的结果，拒付当初的承诺。

王甫怀恨在心，得知中常侍郑飒与刘悝关系很好，便指使尚书令廉忠，诬奏郑飒等人阴谋篡位。此事被窦武得知，窦武把太监总管换成自己的亲信山冰，由山冰、尹勋等人共同审问郑飒，牵扯出曹节与王甫。

尹勋等人拿着郑飒的口供,请示窦太后,要求抓捕曹节、王甫等人,罢掉全部太监。然而就在这紧要关头,窦武竟然离开皇宫回家休假去了。负责主管奏章的太监刘瑜与同伴朱瑀偷看了奏章气愤不已:"宦官有罪当然要处死,可我们并没有犯错,竟然要全被罢免!"于是,二人连夜召集17个身体比较强健的太监,说陈蕃、窦武图谋不轨,竟然奏请皇太后罢免皇上。众人歃血为盟,共同商讨反击窦武的细节。

未得先机,形势逆转

永康元年(168年),宫内太监发动宫廷政变。曹节假装惊慌失措,向汉灵帝报危,并给他一把佩剑,让他和乳娘一起躲在德阳前殿。紧接着,曹节收取皇帝玉玺与所有印信,下令关闭宫殿大门,把平时负责写诏书的官员押来,将刀架在他们的脖子上,写下任命王甫当太监总管,到监狱逮捕尹勋、山冰等人的诏书。

王甫拿着诏书,率人冲到监狱。山冰怀疑诏书的真伪,不肯接诏。王甫一刀将他杀死,又下令格杀尹勋,将郑飒放了出来,随即冲回宫中劫持皇太后,夺取印信,紧闭宫门切断与外面的联系,派郑飒持节率领执法官兵去抄斩窦家。

窦武不受诏,与侄子窦绍边战边退到北营军中,召集数千人镇守都亭,并下令说宫内太监政变,努力平乱的将士可以重赏、封侯。

陈蕃得知事变消息,率领下属和学生80多人,拿着武器闯入承明门,迎面遇到带着一群武士出来的王甫,双方展开一场激战。陈蕃不敌被俘,一路押送到北寺监狱。太监们一边猛踢陈蕃,一边得意地咒骂,狠狠羞辱一番后将其斩首。

这时,驻守匈奴边关的官员张奂回京述职,曹节假传圣旨,升周靖为代理车骑将军,率领羽林军等1000多人,持节与张奂率领的北营野战军会合。天

汉灵帝西邸鬻爵

汉灵帝在宦官张让的怂恿下,公然设立"西邸"机构,制定卖官鬻爵制度,以官阶高低明码标价,大肆捞钱。俸禄二千石者其价二千万,四百石者,价四百万。买主甚或可自择某职。县情大小贫富不一,其价自别。官价昂贵至此,每一位买官上任后,就使尽浑身解数,搜刮民脂民膏,以捞取本钱。

色刚亮，都亭就被团团围住，王甫和一些宦官也陆续带着自己的人马加入阵营。他亮出圣旨和持节，向对方将士喊话，声称窦武谋反，如果帮助乱党，不但死无葬身之地，而且还会连累家人。北营官兵平时比较忌惮宦官，看到对方的圣旨和持节后，纷纷跑向王甫的阵营。窦武无法控制局面，只能与窦绍拼力抵抗，在对方的围堵下自杀身亡。王

张迁碑（局部）

全称为"汉故谷城长荡阴令张君表颂"，汉灵帝中平三年（186年）立碑于山东东平县，共15行，每行42字。为谷城长张迁故吏韦萌等为追念其功德而立。碑字在篆隶之间又能有意曲屈，似汉印之缪篆。字体朴厚劲秀，方整多变，字型方正，用笔棱角分明，具有齐、直、方、平的特点。此碑在明初掘地时发现，立于东平儒学明伦堂前，当时碑文完好可读。此碑自出土以来，为历代金石、书法家所推崇。现存于山东泰山岱庙碑廊。

十常侍

汉灵帝时期，由担任中常侍的张让、赵忠、夏恽、郭胜、孙璋、毕岚、栗嵩、段珪、高望、张恭、韩悝、宋典12人组成的宦官集团称为"十常侍"。十常侍操纵着朝中大权，父兄子弟遍布天下，他们横征暴敛，卖官鬻爵，祸害百姓，无恶不作。然而，汉灵帝却对其十分信赖，甚至说："张常侍是我父，赵常侍是我母。"

甫将窦武叔侄的头挂在旗杆上面，扬眉吐气的太监们不肯善罢甘休，带领人马血洗窦氏一族，将窦武的亲朋好友全部诛杀。朝中大臣凡是由窦武、陈蕃推荐的一律免职，永不录用，连窦太后也被迁至荒凉的南宫。

事后曹节被封为育阳侯，王甫升任中常侍，其余的太监有的被封为侯爵，有的被封为关内侯准侯爵，宫里一片喜气。只有已经被升任大司农的张奂，为自己被蒙蔽而助纣为虐、诛杀忠良懊悔不已。他拒绝接受因功封侯，上书给汉灵帝，请求朝廷体谅窦武与陈蕃对国家一片忠心，使二人能够得以安葬；请求汉灵帝多去探望窦太后，回报其大恩大德；请求给被免职的官员恢复任职的机会。

汉灵帝觉得张奂说很有道理，询问宦官们的意见。曹节厌烦张奂多事，撺掇汉灵帝下诏责备张奂，命他自己去监狱投案，并扣除三个月的俸禄。

东汉·彩绘陶公鸡

随葬明器。公鸡朱红高冠,双眼圆睁,黑色羽毛丰满轻盈,昂首翘尾作回望状,足下出一短榫,当是作为嵌插之用的摆件。线条流畅传神,极富生活气息。

> ▶ 东汉晚期

性明知人，好奖训士类。身长八尺，容貌魁伟，褒衣博带，周游郡国。

——《后汉书·郭太传》

名士郭泰

一位古代的居家教授，仪表非凡学识满腹，门下弟子多达数千人，个人名望享誉京师。在整个东汉王朝的200年历史上，他可能是最具影响力的山西人物，被许多士大夫立为典范和表率，奉其为"东国人伦"。

外貌特征
身长八尺，仪貌魁岸

具体身份
名士、学者、东汉太学生领袖

历史地位
党人"八顾"之一；
"介休三贤"之一；
被誉为"东国人伦""有道先生"

代表作品
《答友勒仁进者》
《苏不韦方伍员论》

个人标签
博通群书，才学出众，忠贞孝义，名重洛阳

逸事典故
林宗巾

风采出众，风骨高洁

郭泰（128年—169年），字林宗，太原郡界休（今属山西介休）人。幼年丧父，与母亲相依为命，家境贫穷却不失风骨。成人后，郭泰身高八尺（每个朝代尺的规定长度不同，依汉制身高在180～90厘米），相貌堂堂，走到哪里都非常引人注目。母亲托人帮儿子在县府里寻了一个差使，他却不肯去，说："大丈夫岂能为几斗米屈膝？"他辞别母亲，长途跋涉到成皋（今河南荥阳）拜屈伯彦为师。

求学期间，郭泰常常陷入衣不蔽体、食不果腹的窘状，但他依然保持求学热情。屈伯彦非常喜欢这个学生，倾囊相授，使其尽得真传。通过3年的刻苦学习，郭泰博通

郭泰像
郭泰(128年—169年)，又作郭太，字林宗，东汉名士、太学生领袖，与许劭并称"许郭"，被誉为"介休三贤"之一。最初被太常赵典举为有道，故后世称"郭有道"。官府辟召，都不应命。他虽褒贬人物，却不危言骇论，所以不在禁锢之列。后为避祸而闭门授教，弟子达千人，提拔才智卓越者60多人。

东汉·仙人六博图石函
1950年四川新津县老君山崖墓出土,现藏于四川博物院。六博为汉画像石中最常见的游戏内容,于先秦时兴起,汉时民间十分盛行。博戏为两人投骰行子,以筹计数,因棋艺简单易学为社会各阶层喜欢。此画面为两个仙人正在博弈,动作夸张有趣。

了各家典籍。

拜别老师后,郭泰到洛阳游学。一开始,洛阳的名士和学子并没有注意到他。后来,郭泰偶然结识符融,后者是河南府尹李膺的上宾,李膺每次与其谈论世事,都会谢绝见客,被其言谈所折服。符融惊赞郭泰的仪表与学识,将他介绍给李膺。李膺认为此人是少见的奇才,外表魁梧俊朗,学识高雅渊博,非常愿意与其交往。

起初,那些学者因为李膺的青睐而主动前来结识,相识后才感叹他确是才貌双全。郭泰很快在京城扬名,慕名前来结识者络绎不绝,很多人由于心生钦佩而暗中效仿他的言谈举止。

有一次,郭泰外出游学,突然下起大雨,因无处躲雨,他便将头巾一角折起盖在头上。没想到,这一无心之举竟然引领时尚,那些仰慕他的儒生们纷纷将头巾折起一角包在头上,并将这种装扮称为"林宗巾"。

郭泰的名气越来越大,免不了总有人向朝廷举荐,郭泰屡次被召入仕,不堪其扰,决定离京四处游学。他离开的那天,前来送行的车马竟有数千辆,成为黄河岸边难得一见的奇景。

后来,太常赵典、司徒黄琼也相继召郭泰入仕,均被婉言拒绝,他立志要淡泊终生,优游卒岁。不过,郭泰并非不关注国家政事。汉桓帝继位后,宦官把持朝政30多年,使国家陷入动荡不安的隐患之中。郭泰在四处游学时,以交游、会友的方式,发动名士、

东汉·釉陶三足奁
奁为广口,筒形腹,平底,下承三个熊形足。上有盖,盖定拱起,置钮,盖与身以子母口相合。奁外壁用红漆隶书写"都布中舍平"等字样。这种有书写款的陶器在汉代十分罕见,尤其是隶书。现藏于美国弗利尔美术馆。

东汉·蜻蜓眼玻璃珠

蜻蜓眼是古代一种饰物的俗称,多呈大小不等的扁圆体,以浅蓝色或绿色为基色,表面饰以数个白色、浅蓝色的类同心套环,其中心部位略高于四周,呈凸起状。古时这种饰物稀少,价值不菲,是王公大臣们的追捧之物。现藏于美国弗利尔美术馆。

太学生、忠义官吏与作恶多端的宦官集团做斗争。当时，洛阳太学的太学生们以郭泰等人为首，对当时的社会现象进行口诛笔伐，还编一些顺口溜褒贬朝政，造成强大的舆论声势。

"党锢之祸"以后，郭泰回乡闭门讲学，前来求学者门庭若市，收纳了弟子数千人。

乐于助人，立碑无愧

郭泰是一位爱惜人才、平易近人的学者，对平日交往者从不拘泥门第出身，各行各业的人都有交集，比如漆工、邮役、屠沽、士卒、垦亩、刍牧……只要对方德才兼备，他便乐于按照对方所长，助其有所成，也因此发生很多逸事。

陈留（今河南开封）人申屠蟠为人很讲义气，闲暇时喜欢读书。因家中贫穷，申屠蟠只能做佣工，干一些油漆活。郭泰得知，亲自上门拜访，与其谈古论今。申屠蟠觉得受益匪浅，迫切想外出求学。于是，在郭泰的资助下，他开始出门游学增长见识，后来成为东汉有名的经石学家。

一天，郭泰到陈留游学，途中在大树下避雨，见一位农夫坐姿端正。互通姓名后，知道对方叫茅容，字季伟，郭泰便在他家借宿一晚。第二天清晨，茅容杀鸡做饭，郭泰以为是要招待自己。吃饭的时候，茅容先服侍母亲吃完鸡肉，才与客人素菜粗食。郭泰非常欣赏他的孝心，指点他外出游学，后来也成为名士。

对于一些犯错的"不仁之人"，郭泰只要遇见就会耐心地规劝对方，尽己所能去帮助对方，令其洗心革面重新做人。他认为，不帮助或孤立犯错之人，无疑等于促使其继续作恶。在郭泰的帮助下，一些改过自新的人还被应召入仕，成为朝廷官员。

建宁二年（169年），郭泰卒于家中，时年42岁，来自四面八方的吊唁人士成千上万。大学士蔡邕亲自为郭泰撰写碑文，他感慨地对旁人说："吾为碑铭多矣，皆有惭德，唯郭有道无愧色耳。"于是，后人称此碑为"无愧碑"。

东汉·王孝渊画像石碑（局部）

> **东汉晚期**
>
> 李膺字元礼，颍川襄城人也……初举孝廉，为司徒胡广所辟，举高第，再迁青州刺史。守令畏威明，多望风弃官。
>
> ——《后汉书·党锢列传》

舍身成义的李膺

抵御外敌鲜卑，屡战屡胜；惩治贪官权贵，执法严明。不管是为将，还是为官，李膺堪称时代的楷模，有人甚至以能为他驾车而深感荣耀。可是就算如此名臣，依然逃脱不了党锢之祸——进入东汉中后期，名士遭难、良臣受困的种种反常迹象已经司空见惯。

主要官职
度辽将军、司隶校尉、长乐少府

主要成就
屡破鲜卑，声振远域；
执法严明，不畏权贵

人物生平
扬名天下，安定边关，遭诬免职，复出惩恶，祸起遇害

仕途结局
受第一次党锢之祸的牵连，入狱后被赦；受第二次党锢之祸的牵连，自首入狱，后被拷打至死

历史地位
东汉名臣，位列"八俊"之首

逸事典故
李膺门、李郭同舟

持令强人，先斩后奏

承明门事变之后，李膺、杜密等人虽然被削职为民，却得到比做官更受社会尊敬的荣誉。从党锢之祸后开始，民间为天下名士标榜了三君、八俊、八顾、八及、八厨几种称誉。"君"指以窦武、陈蕃为首的受人崇敬的人；"俊"指以李膺、王畅为首的人中英雄；"顾"指以郭泰、范滂为首的品德高尚之人；"及"指以张俭、刘表为首能引导他人追行的受崇者；"厨"指以度尚、张邈为首的施以财富助人者。

李膺（110年—169年）位列"八俊"之首名不虚传，他是颍川郡襄城县（今属河南襄城）人，承继祖上为官清正之风，人品高洁，自有一股浩然正气，内可以养廉，外可以御侮。李膺在担任乌桓校尉和度辽将军时，曾多次出击鲜卑，每战必会

李膺像
因李膺的德高望重，后人以"李膺门""李膺门馆"誉称名高望重之家。亦省称"李门"。

东汉·乐舞杂技画像石（局部）
该画像石凸面线刻，画面分两层，上层为汉代乐舞和杂技表演。此画面表现了一人在耍刀和球，一人倒立玩蹬技。现藏于山东博物馆。

身先士卒。

在朝廷任职时，李膺刚正不阿，打击贪官毫不留情，每到一处任职，都有贪官望风而逃。他曾经到吏治最差的青州担任刺史，委任令刚下，还没到任，治下70个县中贪赃枉法的县令便弃官潜逃，可见其威力之大。

延熹九年（166年），李膺担任司隶校尉，负责纠察京师百官及附近各郡官吏。当时，宦官张让的弟弟张朔倚仗其兄权势，担任野王县令，平日残暴贪婪，胆大妄为。一天，张朔突生恶念，想看看未出生的婴儿模样，便找理由抓来一个孕妇，将其残害致死。李膺接到上诉，立即下令捉拿张朔。

张朔跑进张让家里躲起来，张府门庭森严，一般官吏根本进不去。李膺手持令牌，带领手下闯入张府，在房屋夹层中搜出张朔，投入洛阳大牢。为了避免有变徒增阻碍，李膺抓紧时间审理，待张朔认罪画押后，立即依法斩首示众，然后才上报朝廷。

张让没想到李膺如此雷厉风行，跑到汉桓帝面前哭诉，汉桓帝召来李膺，责问他为何先斩后奏。李膺回答："孔子做鲁国刑官时，7天就诛杀了少正卯。臣处理此案用了10余天，正暗自惶恐会因办事拖拉而受责备，没想到却得来办事迅速的罪名。臣自知罪有应得，恳请皇上给臣5天时间除灭首恶，自当到殿前领死，这是臣最后的愿望。"

汉桓帝听了无话可说，转头对张让说："是你弟弟罪有应得，司隶校尉有什么错呢？"说完，就叫李膺退下了。从此，那些不守法度的宦官收敛了许多，也对李膺恨之入骨。当时，因为李膺、陈蕃、王畅执政清廉，打击宦官的力度很大，太学生将其视为榜样，传诵着"天下模楷李元礼，不畏强御陈仲举，天下俊秀王叔茂"的歌谣。谁若受到李膺的接待，就被大家誉为"登龙门"，视作一种至高无上的荣耀。

舍身取义，良臣遇难

虽然宦官平时互相之间攀比与倾轧，但当他们面对共同的对手"党人"时，立刻显得"同仇敌忾"。建宁二年（169年），宦官侯览因与张俭的旧怨，指使老乡朱并，诬告张俭与同乡24人结党营私，图危社稷。曹节、张让等宦官趁机授意吏治部门，将上次的党锢者李膺、杜密等人也归于一党，一起实施抓捕。

曹节让自己的几个心腹上奏，奏请汉灵帝下诏抓捕党人。14岁的汉灵帝什么都不懂，问道："什么是党人，他们有什么罪，为什么要抓他们？"曹节顺口一顿胡编乱造，说党人有多么可怕，他们如何想推翻朝廷，篡夺帝位。汉灵帝听了很害怕，赶紧下诏逮捕李膺、张俭。

诏书一下，各州郡骚动起来。有人得到消息，慌忙跑去告诉李膺，催他赶紧逃跑。李膺说："侍奉君主不躲避灾难，有罪不逃脱刑罚，这是我作为臣子的节操。我若逃跑，肯定会害了别人。再说，我已经60岁了，还能往哪儿逃，生死由命吧！"说完，他整理好仪容，主动到诏令的监狱投案，后来受到严刑拷打至死。他的妻儿被流放到边境，亲友及门生全被禁锢，终生不得做官。

杜密知道免不了一死，自杀身亡。像李膺那样被杀的一共有100多人，还有700多人有些名望或跟宦官有点私仇

东汉末年清议运动

目的	对抗垄断政治的宦官集团，挽救东汉政权
手段	激扬名声，互相题拂，品覈（hē）公卿，裁量执政
代表人物	太学生以郭泰为首，奉司隶校尉李膺、太尉陈蕃为领袖
最著名运动	太学生清议
引发灾难	党锢事件
积极作用	起到一定的激浊扬清作用
负面作用	一些士大夫因此而沽名钓誉

东汉·王孝渊画像石碑（局部）
河南许昌市出土，现藏于河南博物院。"上人马食太仓"是汉代画像砖石上常见的榜题之一，太仓指的是设在京城中的大谷仓，也就是国家的粮仓。这句榜题的含义就是祝愿墓中的人和马死后都能吃到天上粮仓的粮食，享受天国待遇，反映了汉代人的一种精神寄托与追求。

的，全被诬为党人抓了起来，他们的结果不是被杀、被禁，就是被充军。

宦官们阴谋得逞心中暗喜，唯有侯览很郁闷，这件事本来是他挑起的，可是没有抓到出逃的张俭。他请汉灵帝下诏通缉，凡是窝藏张俭者同罪处罚，势必将其捉拿归案。

张俭在逃跑途中，得到很多人的冒死掩护。官府循迹追查，凡是收留过他的人都受到牵连，轻则下监狱，重则被杀，一时闹得全郡人心惶惶。

陈留人夏馥也在党人名单中，他听说张俭的事情，对朋友说："我虽然做不到像李膺那样舍身取义，但也不想像张俭那样东躲西藏连累别人！"于是，他把胡子和头发全铰了，改名换姓逃到林虑山（位于河南省林县），到别人家里做了用人。由于每天风吹日晒干粗活，面容和四肢变得又黑又粗糙，谁也看不出他曾是个儒生。

经过了两次"党锢之祸"，李膺一类的耿直官员遭到血洗，朝廷内大大小小的官职几乎全被宦官及其亲信包揽。郭泰听到这些名人志士相继被害的消息后，悲恸地叹道，东汉王朝就要完了，只是不知"乌鸦飞翔，停在谁家"。

孔融像
孔融（153年—208年），字文举，东汉末文学家，鲁国曲阜人，孔子二十代孙。十岁那年想见当时名士李膺，就对守门人说他是李膺的亲戚，被接见后从容说，孔家祖先孔子和李家祖先老子李耳有师资之尊，故为世交。李膺对他的才识非常赞赏，断定他必成大器。

169年

时冀州饥荒,盗贼群起,乃以滂为清诏使,案察之。滂登车揽辔,慨然有澄清天下之志。

——《后汉书·党锢列传》

范滂赴狱

忠臣良将却没落得好下场。在他入狱赴死之前,给儿子留下了一句话:"我若叫你为恶,毕竟人不应为恶;我若叫你为善,可我一生为善,却落得如此结果。"此言一出,闻者无不潸然泪下。

主要官职
光禄勋主事、汝南太守

仕途结局
第一次党锢之祸时入狱,大赦时千车迎归;
第二次党锢之祸时自首入狱,被拷打至死

历史标签
直臣、孝子

逸事典故
揽辔澄清

为官刚正,内举避亲

范滂(137年—169年),字孟博,一说是汝南细阳(今安徽太和)人,一说是汝南征羌(今河南漯河召陵区)人。他为人正直,做事磊落,而且十分孝顺,是民间为天下名士标榜的"八俊"之一。

冀州地区发生饥荒时,盗贼频起,朝廷任用范滂为清诏使,前去巡行查办。范滂在上任路上,遇到不平之事,会主动调查处理,行事作风雷厉风行,不讲情面。结果,还没等他到达冀州境内,平时一些贪污受贿的太守、县令,便纷纷辞官而去。

太尉黄琼闻知此事,征召范滂做了属官。范滂认真督查辖区内的官吏,掌握了每个人的具体情况。当时,汉桓帝下诏,令三府衙门的属官呈报有问题的官吏。范滂列了20多个刺史和权贵的名单。尚书极其不满,责备他弹劾的人太多,疑其公

范滂像
范滂(137年—169年)字孟博,初为清诏使,因揭发贪官污吏有功,升光禄勋主事。后被太尉黄琼举荐。为官期间,清廉自律,经历两次"党锢之祸"后英勇就义,年仅33岁。

报私仇。

范滂说:"我举奏的名单都是令百姓深受其害的人,难道我会以私人恩怨来玷污奏章吗?因为迫近三公会议,我才先举奏了最紧要的,那些没有查清的人,等我查实后再行上奏。农夫种田时必须除掉杂草,禾苗才能生长旺盛;忠臣除掉佞臣,皇上周围才能变得干净,我的举奏若有不实之处,甘愿承受死刑!"后来,他见宦官把持朝政,自己很难实现志向,便辞官回乡。

汝南太守宗资对范滂景仰已久,请其来做主管全郡人事的功曹,并承诺只要在权限之内,他可以全权做主。范滂感激宗资的信任,坚持任人唯贤,无论后台是谁,品行欠佳的人绝不录用,汝南因此大变天地,百姓纷纷称赞。

范滂的外甥李颂是个唯利是图的小人,不知怎么与中常侍唐衡拉上关系,对方十分欣赏他,让宗资给其安排个职位。宗资明知李颂行为不端,但不想得罪唐衡,只好同意,写好任命书后交与范滂,让他通知李颂到任。

范滂平时很鄙视这个狡诈的外甥,看到任命书非常气愤,但他也了解朝廷内官员关系盘根错节,不想令宗资为难,只能暂时把任命压下来,故意不去通知李颂。过了一段时间,李颂不见任用通知,便找唐衡来打探消息。唐衡

东汉·绿釉三联灯盏
灯盏呈三联式,三个圆形灯盏被挂环联系在一起,盏为敞口、弧腹、圈底,底下有乳钉式足。胎质为红色,通体施绿釉,釉色发出具有金属光泽的银灰色,光亮如新。此灯盏造型新颖,设计巧妙,是东汉时期的陶制实用器。现藏于美国弗利尔美术馆。

很意外,质问宗资。宗资也很惊讶,明明早就安排好了,于是去查问范滂。

范滂听说,故意躲了出去,他的文书朱零如实交代。宗资气得随手拿过一个板子,朝着朱零劈头盖脸打起来,怒斥他们竟敢不执行命令。朱零梗着脖子道:"范功曹秉公裁决,因为李颂不可用才压下任命。今日就算被大人打死,也不敢违背范功曹的命令!"宗资丢下板子,叹口气说:"真是有其主必有其仆啊!"李颂最终还是没能上任。

在范滂任职期间,那些才能中下想投机做官的人非常怨恨他,指责范滂所用之人为"范党"。

祸及党锢,慨然赴死

由于得罪了唐衡,第一次"党锢之祸"时,范滂即以党人之名被关进监狱,后被释放回到家乡。建宁二年(169年),宦官又挑起第二次"党锢之祸",汝南郡督邮吴导奉命到征羌县捉拿范滂。到了征羌驿舍,他没有直接去

捉范滂,而是紧闭房门抱着诏书呜咽哭泣。征羌县的官员听到哭声很吃惊,不知道发生了什么事,怎么叫门也不开,大家在门外议论纷纷,不知如何是好。

消息传到范滂耳中,范滂叹息道:"吴督邮一定是不忍心抓我才这样的。"于是他简单收拾一下,直接到县衙自首。县令郭揖也是忠良之辈,见范滂主动投案,赶紧解下印绶,打算带着他逃走,范滂却不肯走。郭揖急了,拉着他道:"天下这么大,难道还能没有我们的安身之处?你为什么非要投案,令小人得意?"

范滂说:"我谢过您的好意,可只有一死才能免除身边的人遭受连累。我若逃走,必定会连累年迈的母亲,做儿子的怎么能忍心呢?"

郭揖只好把范滂收入监狱,派人请范滂的老母亲和他的儿子前来诀别。母子相见抱头痛哭,范滂叩头道别:"儿子走了以后,弟弟仲博会孝敬您颐养天年。我在黄泉下陪伴已去世的父亲,仲博在人间陪伴母亲,生死各得其所,还望母亲不要过于悲伤,要保重身体。"

母亲流下热泪,说:"你能和李膺、杜密齐名,死有何恨?既想要好名声,又要得高寿,天下哪有这样的好事?"

范滂深为感动,起身叮嘱儿子道:"我若叫你为恶,毕竟人不应为恶;我若叫你为善,可我一生为善,却落得如此结果。"旁人听了,无不落泪。范滂押解入京后,最终被严刑拷打致死,年仅33岁。

汉时的太学生请愿运动

太学兴于建元元年(前140年),当时汉武帝听从董仲舒的建议而设,是汉时的最高学府。渐渐地,士大夫形成以品评时下官僚及风云人物的风气,这在当时称为"清议",太学则成为清议中心。一些思想新进、言行勇敢的太学生们理所当然地加入议政队伍,与各郡诸生形成强大的舆论力量。

太学生第一次显示强大的力量是在西汉汉哀帝时期,司隶校尉鲍宣被小人设计陷害,太学生王咸等千余人举幡上书请愿,使其由死罪改为髡钳之刑。

东汉汉桓帝时,冀州刺史朱穆因打击嚣张跋扈的宦官势力被罚往左校服劳役。太学生刘陶等数千人上书朝廷,表示愿意替朱穆服刑,迫使汉桓帝不得不在强大的舆论下赦免朱穆。

汉灵帝时有人在皇宫朱雀阙留字"天下大乱,曹节、王甫幽杀太后,公卿皆尸禄,无忠言者"。宦官曹节、王甫大怒,奏请汉灵帝捉拿书写者。司隶校尉刘猛不肯筹办,因此被罢官,改由段颎出任司隶校尉,段颎大肆追捕,千余太学生被捕下狱。

东汉·彩绘陶舞俑（一对）

左俑头戴冠，裸上体，腹部突出，左手攥拳上举，右手平掌前伸，下穿宽裾喇叭裤，左脚着地，右腿屈膝抬起。右俑为光头，身体左倾，双手分开，右腿屈膝抬起，左脚着地，服饰与左边俑相似。通体施白彩，口唇部以红彩装饰。两个俑表情不分明，但是嘴角、眼神的夸张表现，给人以诙谐、风趣的感受。这两个俑的舞蹈姿势似乎正在配合同一节奏，相互呼应，别具情趣。汉代艺匠对人物的塑造，着力从大的轮廓整体和身躯大的扭动关系来表现审美对象的精神、气质、个性和情趣。舞俑形神兼备、血肉丰满、活灵活现，是汉代雕塑艺术的杰作。现藏于美国纽约大都会艺术博物馆。

东汉晚期

初,颎与皇甫威明、张然明,并知名显达,京师称为"凉州三明"云。

——《后汉书·皇甫张段列传》

凉州三明

在平定羌乱的过程中,东汉涌现出一批优秀的军事将领,比如董卓、夏育、田晏、臧旻、尹端、周慎等,名气较盛的要属"凉州三明"。凉州三明是指皇甫规、张奂与段颎,因三人俱是凉州人,而且表字中均带"明"字,故而得此称号。

相同之处
同为凉州人,同在治羌中立功扬名

不同之处
针对羌乱,凉州三明持有异见,皇甫规、张奂赞同招抚,段颎赞同剿灭

逸事典故
酹酒还金、折节好学

三人结局
皇甫规:途中病逝;
张奂:回乡离世;
段颎:狱中饮鸩而死

相关介绍
虽然三将屡破羌人、平定叛乱,但从战绩来说,段颎之功超过皇甫规与张奂

皇甫规

皇甫规(104年—174年),字威明,安定朝那(今甘肃平凉西北)人。他出身于将门世家,祖父皇甫棱曾任度辽将军,父亲皇甫旗曾任扶风都尉。

永和六年(141年),西羌进攻三辅(今陕西关中一带),包围安定,预谋进犯长安。朝廷派遣征西将军马贤率领10万大军前去平定,久未取胜。后来,马贤中了埋伏,被羌军围攻,他与两个儿子都死在羌人手中。

皇甫规临危受命,率领800精兵与羌军交战,此战大败羌军,迫其撤退。本初元年(146年),朝廷举贤召良,皇甫规在应对策问时大胆揭露当时的奸臣权重、

皇甫规像
皇甫规(104年—174年),字威明。安定朝那(今甘肃平凉西北)人。皇甫规出身将门世家,熟习兵法,多次击破、降服羌人,并缓和汉羌矛盾,与张奂、段颎合称"凉州三明",官至护羌校尉。在任期间,一身清正、廉洁奉公,曾数次遭权幸奸党的陷害,但仍毫无畏惧,刚正不渝。

收受贿赂、卖官鬻爵、上下穷虚等现象，还讽刺了梁冀一流。结果，梁冀屡次弹劾于他，视其为眼中钉，将其划为下第，只委以一个小官职。皇甫规辞官不受，回到家乡开设学馆，收徒教授《诗》《易》。

延熹二年（159年），梁冀一族被诛。短短1个月之内，朝廷五次征召皇甫规，均被婉言拒绝。这时，泰山一带的叔孙无忌揭竿而起，朝廷讨伐未胜，任用皇甫规为泰山太守前去平定。皇甫规到任后摸清对方虚实，按步进行各种征讨方略，将叔孙无忌的起义军全部平定。

延熹四年（161年），羌人侵扰关中，三公推举皇甫规为中郎将，持天子符节率军征讨零吾诸羌。结果皇甫规率军斩获敌首800级，招降的羌人达10多万。第二年，他乘胜发动骑兵讨伐陇右，东羌派使者前来求降，凉州再次畅通无阻。在讨伐羌人的过程中，皇甫规上奏朝廷，处理了一批贪赃枉法的官员。羌人听闻，更加佩服皇甫规的刚正不阿，纷纷前来归附。

这时候，东汉朝廷已有宦官专权、朝政腐败之迹象，皇甫规萌

汉·"汉归义羌长"青铜印和印文

1953年出土于新疆沙雅什格提，现藏于中国国家博物馆。西域羌族散居在塔里木盆地各绿洲和帕米尔西河谷中，主要从事畜牧和狩猎，也种植五谷、葡萄和瓜果。它与西域其他各族都接受汉政府的统辖。此铜印正方形，卧羊钮，阴刻篆文"汉归义羌长"5字，为汉政府发给羌族首领的官印，其中"归义"是汉政府给予其统辖的边远少数民族首领的一种封号。

生退意，但几次辞职均未获批。熹平三年(174年)，这位优秀将领因病召回朝廷，但在归程中不幸病逝，享年71岁。

古凉州城门

凉州，古时简称雍凉，即今武威市，自古以来就是"人烟扑地桑柘稠"的富饶之地和西北的商埠重镇，地处汉羌边界，民风剽悍，悍不畏死。东汉时置雍州，州治武威郡姑臧。

东汉·西王母画像砖
随着道教在汉代的兴盛,作为最受人尊敬的仙人,西王母的形象频繁地出现在汉代墓室里的画像砖上,表达了人们想死后成仙的渴望。此图在高大的琼楼玉宇之中,最左边的人物就是掌握着不死药的西王母,她头戴鸟形帽,身穿飘逸的长袍,旁边围绕着侍从、神兽和羽人。现藏于美国纽约大都会艺术博物馆。

张奂

张奂(104年—181年),字然明,敦煌渊泉(今甘肃安西县东)人。在推举贤良时,汉桓帝问策,张奂对答第一,被任用为议郎。

永寿元年(155年),张奂调任安定属国都尉,刚到安定郡三水县(今宁夏回族自治区同心县东)任职不久,就遇到南匈奴纠集7000多人起兵反汉,进攻单于庭美稷(今内蒙古准格尔旗西北),与此同时,东羌也出兵响应,猛攻张奂的驻地。

当时,驻地只有200多人,张奂一边征召兵士,一边派遣将领王卫用计招降东羌,占据龟兹,切断了东羌与南匈奴的联络。羌人各部首领相继率众投降张奂,同汉军一起攻打南匈奴叛军,并接连取得胜利,最终迫使对方率众投降,使安定郡的各族百姓又过上了安宁日子。羌人首领们感激张奂招降的恩德,献上骏马、金器,都被他当场归还,他们心中更生敬意。

梁冀一族被诛杀后,张奂也因梁府故吏被免官禁锢,只有皇甫规先后7次向朝廷举荐他。几年后,朝廷任其为武威郡太守。到任后,他实行平徭均赋,减轻了百姓赋役,又革除二月和五月与父母同月出生婴儿要被处死的陋习。

延熹六年(163年),朝廷调任张奂为度辽将军,进驻曼柏,代表朝廷处理鲜卑、乌桓事务。此后数年间,幽、并二州清静无事。延熹九年(166年)春,张奂调任大司农,掌管粮食、货币等。北部边境的鲜卑得知张奂调离,勾结南匈奴、乌桓,分几路入塞,攻掠沿边九郡,同年秋又联结羌人攻打张掖、酒泉,杀掠百姓,无恶不作。张奂临危受命,率领军队前去平息叛乱。南匈奴和乌桓听说张奂带兵来平叛,遂率20万兵士投降,鲜卑失去了同盟,只好撤退出塞。

张奂任度辽将军时,为攻击羌人曾与段颎发生矛盾。段颎一度想设计杀害张奂,但张奂写下一封诚恳的道歉信,得到了对方的谅解。他辞官回乡后,一边务农一边写作,著成30多万字的《尚书记难》。光和四年(181年),张奂在家中去世,终年78岁。

段颎

段颎(?—179年)字纪明,武威郡姑臧县(今甘肃武威)人。段颎从小喜欢骑马射箭,自称游侠,时常仗义疏财,成年后才开始学习,被推举为孝廉,先任宪陵园丞,后任阳陵令。

几年后,段颎在治理及军事方面展现出非凡的才能,升为辽东属国都尉。当时,鲜卑屡次进犯边塞,段颎率军到边塞驱剿。因担心对方得到消息提前撤逃,他令驿骑假送玺书诏令退兵,一边假意撤退,一边在路上暗设伏兵。鲜卑果然上当,率兵追赶,段颎集中兵力还击,将对方全部斩获。由于伪造玺书属于重罪,但因情有可原,段颎被罚至边境抵御敌人。

刑罚期满后,段颎被征为议郎。其时,正逢太山、琅邪的东郭窦、公孙举等聚众3万人起义,司徒尹讼举荐段颎平乱。他果然不负众望,很快平定了叛乱,自己也被封为列侯。

延熹二年(159年),烧当、烧何、当煎、勒姐等8个羌人部落联合作乱。当时升为护羌校尉的段颎率兵与湟中起义羌1.2万骑兵出击,杀死乱军2000余人,俘虏1万多人。接下去的数年,段颎一直与羌人作战。永康元年

东汉·黑地绘花漆盖碗(一对)
木胎,黑漆地上描绘红,饰几何纹和花卉纹,线条流畅,带盖成套,非常少见。此对漆碗器型硕大,形制规整,色彩艳丽,是汉代漆器的代表作。现藏于美国纽约大都会艺术博物馆。

(167年),他率兵横扫羌军,斩杀主帅,斩首3000余级,恐惧无比的羌人称其为"杀神"。此后,西羌之乱获平。

建宁二年(169年),段颎带兵一举平定东羌,以功封新丰县侯。光和二年(179年),司隶校尉阳球上奏诛杀宦官王甫,段颎受到牵连被捕入狱。狱中的段颎不堪受辱,服鸩自杀,家属被流放边境。后来,中常侍吕强上疏,细数段颎多年来平羌的功绩,汉灵帝这才下诏,允许段颎的妻子儿女返归本郡。

汉·金饼
形如圆饼,面略凸起,背为凹下,有滴铸而就产生的不规则空洞。金饼在当时,一般不作流通使用,只是作为贮藏、赏赐、馈赠、进贡、赎罪等用途。

> 约130年—约185年

陟乃与袁逢共称荐之。（壹）名动京师，士大夫想望其风采。

——《后汉书·文苑列传》

名动京师的赵壹

像赵壹这般风采出众之人，在任何一个朝代都会备受瞩目，更何况还兼有满腹才华与铮铮傲骨？他如一颗璀璨的流星，从东汉后期的黑暗夜幕中倏然滑没，那些残留的佳作恰如吉光片羽，弥足珍贵又光亮耀目。

外貌
体貌魁伟，身长九尺，美须豪眉

性格
耿介狂傲，特立独行

身份
东汉辞赋家；
中国历史上最早的书法评论家

代表作品
《穷鸟赋》《刺世疾邪赋》《非草书》

文学成就
著有赋、颂、箴、诔、书、论及杂文等16篇，现存5篇

心性孤高，辞赋传世

东汉文学家赵壹（生卒年不详），字元叔，汉阳郡西县（今甘肃天水市西南）人。他本名为"懿"，《后汉书》中因避司马懿名讳，写作"壹"。

据史书记载，赵壹身材魁梧，美髯豪眉，相貌超群，性格桀骜不驯，特立独行。他主张以儒家的价值观立身处世，当时记载儒家经典的文字中有一种源于秦末"隶草"的新兴草书，原本是文吏为了提高抄写速度逐渐形成的一套速写方法，后经杜度、崔瑗、张芝等学士的再创造，被后学争相效仿追摹。

赵壹看不惯这种舍本逐末的现象，他认为杜度、崔瑗、张芝等人都是具备绝世才华之人，对于他们来说，写字不过是在博闻强识的闲暇之余随手做的事情。后人不去学习他们的儒学思想，却只致力于习字，就如东施效颦，越学

羊陟像
羊陟，生卒年不详，字嗣祖，太山梁父人。年轻时为人清正有学问，被举荐为孝廉，后因举荐晋升贤能，被任命为河南尹。"党锢之祸"后，被免官禁锢，在家中死去。

越难看。他将自己的观点著成《非草书》一文，对草书产生的渊源做出客观的分析，并尖锐地批评了当下的习草之风，这篇文章成为中国书法史上最早评论书法的文献。

平日交友的时候，赵壹也很高傲，从不结交趋炎附势的小人和庸俗之辈，更不肯屈尊依附权势。当赵壹的卓异不凡受到地方豪绅的打击与排挤，他非但不屈服，还写了一篇关于正邪不相容之理的《解摈》，表明自己决不同流合污的心志。

延熹九年（166年），朝廷大兴党锢之狱，凡是曾抨击宦官、横议朝政或与李膺等人有来往的文人均被株连。那些视赵壹为眼中钉的小人，趁机陷害，数次想将其置于死地，幸有友人相救才得以幸免。他写了一篇《穷鸟赋》答谢友人，将自己比喻为一只受困的鸟，四面受敌。

面对宦官与外戚轮番把持朝政、百姓民不聊生的现状，赵壹愤慨执笔，写下传世名篇《刺世疾邪赋》，直击东汉政治的弊端。这篇赋不但开启了政治抒情之赋的先河，还成为汉赋由铺采摘文的大赋向抒情小赋转变的代表作之一，影响了后世许多文人。

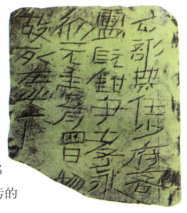

东汉·刑徒墓砖隶书
1964年出土于河南偃师刑徒墓，为东汉时期服役刑徒的墓砖，用来记载刑徒死后随葬的题记。

《潜夫论》书影
清光绪年间湖北崇文书局版本。王符的《潜夫论》共36篇，多数是讨论治国安民之术的政论文章，少数也涉及哲学问题。他对东汉后期政治社会提出广泛尖锐的批判，涉及政治、经济、社会风俗各个方面，指出其本末倒置、名实相违的黑暗情形，认为这些皆出于"衰世之务"，并引经据典，用历史教训警告当时的统治者。

三次拜见，风骨自现

延熹十年（167年），汉桓帝驾崩，汉灵帝继位。此后不久，赵壹被举荐为汉阳郡上计吏。第二年，赵壹去京城向朝廷上计簿，听说度辽将军皇甫规疾恶如仇、抨击宦官、推举贤士的事迹，便在返回时顺道去皇甫规府上拜访。没想到，赵壹到达后，守门人非常轻慢，

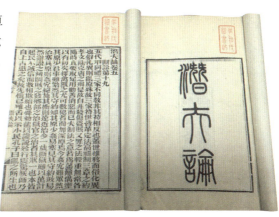

东汉·彩绘陶辟邪

辟邪为中国神话传说中的一种形似狮而有翼的神兽,可驱走邪秽,被除不祥。此辟邪陶质彩绘,扭首张口,獠牙外露,尖耳直竖,颊部长须,作嘶鸣状。脖颈粗短,肩部羽翼,身后长尾;身躯短缩,四肢劲健有力。这件辟邪形体结合多种兽类局部,并加以重组,体现出汉代浪漫主义的创作手法,具有极高的艺术感染力。汉代墓室放置的辟邪除石质外,泥陶质辟邪也极为流行。

不肯及时通报，赵壹失望地悄悄离去。

皇甫规听说赵壹来过，赶紧写了一封真挚诚恳的信，表达自己的歉意。赵壹看完信，只写了一封回信，并没有应邀返回。赵壹在信中陈述了自己对皇甫规的仰慕之心，也指责了其府上对士人的怠慢。

光和元年（178年），赵壹又赴京城上计簿。当时，主管此事之人为司徒袁滂，数百位上计吏在庭院里毕恭毕敬地行跪拜礼，谁都不敢抬头看一眼坐在大堂上的袁滂，唯有赵壹向其深深地作了一个揖，然后立在一旁等待。

袁滂留意到这位不卑不亢的上计吏，命人责问道："一个下郡的计吏，为何只对三公行作揖礼？"赵壹回答："当年谋士郦食其见汉王刘邦时，也只是深作一揖。我对三公行作揖礼，有什么可惊诧的呢？"

袁滂听后起身下堂，亲自问了赵壹的名氏，执手引他坐了上座，询问一些当地之事。赵壹不但对答如流，而且很有见地。袁滂越听越欣赏，忍不住对在座的其他人介绍说："这位是汉阳的赵元叔，朝臣中无人能超越他的才华。"

当时的河南尹羊陟为官清正廉洁，行事雷厉风行，在士人中口碑很高。赵壹有一次登门拜访，然而羊陟一般不轻易见人，赵壹遭到拒绝后一连几天到羊府求见。后来，羊陟勉强同意见赵壹，却躺在榻上没有起身。赵壹进来，一直走到榻前，放声大哭："在下早就听闻您的美名，没想到今日得见，您已经仙逝，我的命真是不好啊！"

羊陟知道赵壹在嘲讽自己，起身下榻请对方坐下深谈。第二天，他带着大批随从，驾着一队车马，前来回访赵壹。其他郡县的上计吏都有豪华的车马帷幕，只有赵壹的马车破旧不堪，车门挂着简陋的草帘。羊陟与刚刚露宿醒来的赵壹坐在马车下交谈，越谈越投机，直到黄昏时分才依依惜别。临别时，他说："你是一块石中美玉，一定会有卞和那样的识宝之人推举你。"

过了不久，羊陟与袁滂一同推举赵壹，使其出尽风头"名动京城"。数月后，羊陟受党锢案牵连免官，赵壹此后不久也归家闲居，专心致志地读书写作，数年后溘然离世。

王符像
王符(约85年—约163年)，字节信，汉族，安定临泾(今甘肃镇原)人，东汉政论家、文学家、进步思想家。一生隐居著书，崇俭戒奢、讥评时政得失。因"不欲章显其名"，故将所著书名之为《潜夫论》。与赵壹、张芝并称"陇上三大家"。

178年—187年

初次开放西邸卖官,从关内侯、虎贲、羽林出卖分别入钱各不等。私下命左右卖公卿,公爵千万,卿爵五百万。

——《后汉书·孝灵帝纪》

卖官鬻爵大拍卖

先秦的商鞅和西汉的晁错都主张或实行过"纳粟拜爵"制度,即缴纳一定数量的粮食,就能得到一个荣誉性爵位,所得钱粮纳入国库,为朝廷增加财政收入。到了东汉末期,"卖官鬻爵"不但明码标价,还成立了专门的机构,凡要做官或升迁的人,必须缴纳规定数量的钱财,所得收入全被纳入汉灵帝的私囊。

发起者
汉灵帝

时间
178年—187年

目的
大肆敛财,收入私囊

举措
明码标价地售卖官职和爵位

结果
建造一座万金堂,专门用于收藏卖官鬻爵得来的钱财

逸事典故
铜臭

汉灵帝继位后,想起汉桓帝没有私房钱,建座宫殿都很困难,便决定不惜任何手段积攒钱财。光和元年(178年),他下令在西邸设立一个专门卖官的机构,将官职明码标价出售,使得"卖官鬻爵"成为自己捞钱的一个手段。

一般情况下,官位标价为官吏年俸的1万倍,德行好一些的官员可以打5折或3折,如年俸400石的官位标价400万钱,年俸2000石的官位标价2000万钱;地方官比朝官价格高一倍,县官价格不一,官吏升迁也必须按价纳钱;求相同职位的人,大家可以估价投标,出价最高的人即可中标上任。除固定标价外,实际价格还可以根据求官

汉灵帝像
汉灵帝刘宏(157年,一作156年—189年),生于冀州河间国(今河北深州)。在位期间,大部分时间施行党锢及宦官政治,又设置西园,巧立名目搜刮钱财,甚至卖官鬻爵以用于自己享乐。在位晚期爆发了黄巾起义,而凉州等地也陷入持续动乱之中,是中国历史上有名的昏君之一。

崔烈铜臭

出自《瑞世良英》卷二《五车编》。《后汉书·崔烈传》载，东汉名士崔烈因以五百万铜钱买司徒一职，声誉大损。崔烈问儿子崔钧："人们对我当上三公有何议论？"崔钧据实相告："论者嫌其铜臭。"这就是"铜臭"一词的来历。

人的身价和财产随时增减。

一时间，各地在职官员、准备升迁的官员，即将上任的准官员，都纷纷前往西邸议价。当时，就连声望极高的段颎等名将，也都是先交足钱，才登上公位。卖官猖獗的阶段，连官吏的调迁、晋升都必须缴纳三分之一或四分之一的官位标价。有些官吏因无法缴纳如此高额的"做官费"，不得不弃官回乡。而那些交了钱的官员，当然要在任上变本加厉地搜刮百姓，将自己的损失补回来。

为了存放这些钱，汉灵帝特地在西邸建造了一个万金堂仓库，将卖官、卖爵得来的钱藏在里面，有时还会偷偷送至宦官家中保管。

在游乐方面，汉灵帝一直刷新着士人们所能接受的下限：他曾与一群无赖子弟在西邸游乐场戏狗，给狗戴上文官所用的进贤冠和绶带；还亲自操辔执鞭，驾着驴车在苑中驱驰，引来京城百姓争相效仿，使本来低廉的驴价骤然上涨。

在宫内，汉灵帝命人仿造街市搭建集市，林立各种商铺，让妃嫔、宫女们分别扮成商贩、买家、说唱的、耍猴的……他自己则穿上商人的衣服，或大摇大摆地逛街，或在酒馆里饮酒作乐，或与卖家们讨价还价，玩得不亦乐乎。那些宫女们趁机偷藏店铺里的货物，彼此钩心斗角，汉灵帝却兴致盎然，以此为乐。

史载他还建了千间裸泳馆，整日与众多姬妾和宫女在那里寻欢作乐。在醉生梦死的生活里，汉灵帝忘记了政务和身负的重担。更有甚者，当天亮时，他还没醒过来，内侍们便争相学鸡叫来唤醒他。为了能听到逼真的声音，汉灵帝还特地命人在裸泳馆北侧修建一座鸡鸣堂，里面养了很多鸡，让内侍们照着学习。

▶ 178年

己未,地震。始置鸿都门学生。

——《后汉书·孝灵帝纪》

鸿都门学创立

这是一所中国最早的专科大学,创立于东汉最荒唐、爱玩的汉灵帝时期,原本是宦官们为了培养自己的知识分子,最终却成为汉代学习、研究文学艺术的一朵艺术之花。

创立时间
178年

创立者
汉灵帝及宦官一派

创立目的
在宦官、外戚与儒士的斗争中,宦官一派为能够与之抗衡,决定培养己方人才

积极意义
在"独尊儒术"的东汉,鸿都门学打破了以儒家经学为唯一教育内容的惯例,开设研究辞赋、小说、尺牍、字画等文学艺术学科;而且,由于它突破了贵族和地主阶级对学校的垄断,使平民子弟能够步入仕途,甚至封官赐爵

后世影响
为唐代的科举和设立各种专科学校树立了榜样

最早的文学艺术大学

汉灵帝荒淫昏庸却多才多艺,平时喜欢学艺,擅长弹琴、吹洞箫,并自创《皇羲篇》50章。他"好胡服、胡帐、胡床、胡座、胡饭、胡箜篌、胡笛、胡舞",引进胡人的"马扎",加靠背改成椅子,加四条腿改成凳子,改变了汉人"跽坐"的习惯。

当时,东汉社会矛盾重重,宦官、外戚、儒家士大夫三种势力明争暗斗。宦官由于社会地位低,又得不到学士们的支持,在舆论上一直不占优势,而太学里的太学生却与官僚士大夫形成强大的利益集团,使宦官们深深感到培养自己人才的重要性。于是,他们撺掇汉灵帝,于光和元年(178年)春天,在洛阳鸿都门创立了最早的文学艺术大学——鸿都门学,以书法、辞赋选拔人才做官,专门与太学相抗衡。

蔡邕像
蔡邕(yōng,133年—192年),字伯喈,陈留圉(今河南杞县南)人,中国东汉末年名士。东汉著名才女蔡琰(文姬)之父。蔡邕博学多才,好辞章、数术、天文,精通音律,尤擅书法,发明"飞白书"。后因感叹董卓被杀而冤死狱中。

鸟虫篆

鸟虫篆称鸟书或鸟虫书,是先秦篆书的变体,属于金文。是春秋中后期至战国时代盛行于吴、越、楚、蔡、徐、宋等南方诸国的一种特殊文字。这种书体常以错金形式出现,高贵而华丽,富有装饰效果,变化莫测、辨识颇难。

鸿都门学起初招收的是擅长写作赋文的儒生,但很快改变了风格,在各州郡"举召能为尺牍辞赋及工书鸟篆者"前来应试,并扩招至上千人,主要学习尺牍、小说、辞赋、字画等文学、艺术知识,打破了专习儒家经典的惯例。汉灵帝还命人在鸿都门学中悬挂孔子及其72弟子像,以示文艺与经学地位相等,同传授于孔子。

被录取的学生大多社会地位不高,几乎都是士大夫一族看不起的"斗筲之人"。宦官们为了壮大自己的势力,对鸿都门学的学生特别优待,不但平日待遇好,优秀者更是平步青云,远超太学诸生,在朝廷担任刺史、太守等要职,有的还被封侯赐爵。汉灵帝将只有大功殊勋的人才能享受的荣耀给了鸿都门学中的佼佼者,命人为他们画图像,并在画像上题写赞语,极大地提高

两汉教育比较

西汉	东汉
官学和私学,官学自汉武帝始	官学和私学,王充主张国家大量兴办学校
最高学府太学设在长安,由董仲舒提议建立	最高学府太学设在洛阳,明帝始建官邸学,供太子、诸侯及功臣子弟学习儒家经典,灵帝建中央大学鸿都门学,抗衡太学
教授内容以儒家典籍《诗》《书》《易》《礼》《春秋》为主	教授内容除儒家经典外,兼插六艺,在辞、赋、画、书等方面无所不包
太学老师称"博士",多由学术名流充当	太学博士要经过考试,还需有"保举状",身体健康,德才兼备且经验丰富
学生学习儒家经典后,通过"举孝廉""征茂才""举贤良方正"等方式进入政府	按考试成绩高低来选拔和录取人才进入政府任职
政府对学生出身不做严格要求,唯才华是举,并对家境贫寒者提供资助	太学学生参与政治的途径越来越多,进而形成了独特的学生运动,和宦官集团多次发生冲突

八分书

八分书是隶书的一种，具有明显的波磔特征。汉时作为官方字体而受到普及，东汉末年书法家梁鹄就以善八分书而知名，入鸿都门学。

了文艺生的地位，同时以此与"党人"标榜的"八俊""八顾""八及""八厨"等32位名士相抗衡。

鸿都门学诸生的待遇远超太学诸生，而且传统由儒术、道德等方面考察官员的体制也被颠覆，改为向来被视为"末技"的辞赋书画，这一系列的传统行为遭到蔡邕、杨赐、阳球等著名清流士大夫们的激烈谏议。杨赐和阳球的措辞非常偏激，他们非常轻视不习儒学、出身清贫，只会"工书鸟篆"的鸿都门学诸生，认为这些学生品德非良，士人们皆耻于与之为伍。

蔡邕的态度则相对柔和一些，也许是因为他本人精于书法，据说他还曾"入鸿都门观碣，十旬不返，嗟其出

群"。这位书法大家很欣赏鸿都门学中学子的艺术造诣，只反对汉灵帝提高书画辞赋的地位，认为不应该选拔他们做官。由于士大夫们的激烈反对，以及后来黄巾起义的爆发，故而鸿都门学存在的时间很短，历史上没有明确记载关闭的时间。

两大八分书法家

鸿都门学虽如昙花一现，却吸引和培养了一批擅长鸟虫篆和八分书的书法家。鸟虫篆称鸟书或鸟虫书，是先秦篆书的变体，文字与鸟形融为一体，或在字旁与字的上下附加鸟形

东汉·抚琴陶俑

琴是中国历代文人雅士所崇尚的传统乐器，至汉代更成为八音之首，并形成了一整套的演奏礼制。此俑面带微笑，神情自如，仿佛沉醉在美妙的乐曲之中。

东汉

东汉·弋射陶俑

1973年出土于资阳县（今洛阳市）南市公社八大队二小队东汉崖墓，现藏于四川博物院。此俑眉目清晰，正做射箭状。射箭，作为古代君子必习的"六艺"之一，一直受到国人的重视。东汉鸿都门学打破了传统以来学校只授儒经的局面，注重的是知识分子个人兴趣及诸多艺术门类的训练。

做装饰；八分书是隶书的一种，带有明显的波磔特征，"波磔"一般用来形容隶书水平线条的飞扬律动，以及尾端笔势扬起出锋的美学。鸿都门学中南阳人师宜官的八分书法最佳，写字时能大能小，展缩自如，大字直径可达丈，小字可在寸方竹简上书写千字，每个字都如鲲鹏凌空而降，翩翩落在笔下。

师宜官恃才傲众，除了练字最好饮酒。有的时候，他去酒家一文钱都不带，拿起店家笔墨在墙壁上写字，再出售给对方换钱买酒，一时引来很多人围观。如店家给的酒合意，他便多写几个字，如不合意便铲掉墙上的字。

除师宜官之外，梁鹄也十分擅长"八分"大字，深得汉灵帝的赏识，继而官至选部尚书。在那些士大夫官僚眼中，梁鹄不过是个难以登大雅之堂者，以雕虫小技蒙受封爵。然而，宦官家庭出身、代表寒门弟子的曹操父子却对其颇为倾慕。曹操将梁鹄的书法作品悬于帐中或挂在墙上，一有时间便自娱自赏。梁鹄的弟子毛弘也是东汉著名的书法大家，不但研精八分，而且擅长古文、隶书、章草。

当然，鸿都门学中也有许多混迹其中、以求利禄的不学之徒，他们有的献赋一篇，有的在竹简上写满鸟篆，依靠巴结宦官、依附权贵成为郎中。有的人甚至说话词不达意，连字都不会写，出资贿赂别人代写，也能混个一官半职。不过，当时仕途黑暗，不只鸿都门学中有这些寡廉鲜耻的人，到处都是不择手段争夺利禄之辈。

盗《笔论》

据《书苑菁华》记载，酷爱书法的曹操有一次与钟繇、邯郸淳、韦诞、孙子荆等书法名家聚会，探讨笔法。钟繇翻阅韦诞座上那本蔡邕的《笔论》，顿时爱不释手，想借走细读，但遭到了拒绝。事后，钟繇千方百计求借，韦诞都没答应。钟繇急火攻心，连续数日不思寝食，以致胸口青紫，奄奄一息，全靠曹操派人送来的五灵丹救回一命。韦诞去世后，一直耿耿于怀的钟繇派人夜盗韦诞之墓，偷得《笔论》，这才遂了心愿。

137年—181年

乃施法禁，平曲直，无敢犯者，遂推以为大人。

——《后汉书·乌桓鲜卑列传》

称雄北方的鲜卑"大人"

如果檀石槐多活十年，东汉王朝遭受的最后一记重创也许就并非来自黄巾军。随着这位鲜卑"大人"的骤起骤落，在他治下的鲜卑部族也合而又分——此番急剧的变化令摇摇欲坠的东汉王朝少了一大劲敌。

少年事迹
凭一己之力打退众多来犯，夺回被抢牲畜，由此一战成名，获称"大人"

主要功绩
东败扶余，西击乌孙，北逐丁零，尽夺匈奴故地，统一鲜卑

历史评价
勇健有智略

后世影响
檀石槐死后，鲜卑重陷分裂，东汉北部最危险的敌人消失

从勇猛少年到部族首领

汉桓帝时期，鲜卑有一位附庸匈奴的贵族叫投鹿侯。有一年，他随匈奴军队出征，整整三年没有回家，回去后发现自己竟然有了个儿子。他怒气冲冲地问妻子，妻子回答："有一天我在外面走路，忽然雷声大作，抬头看天时，有粒大冰雹落入口中，稀里糊涂吞了下去，结果莫名其妙怀孕了，十个月后生下了他，想必这个孩子一定有过人之处。"

投鹿侯自然不信妻子的话，但看着孩子可爱，不忍心亲自下手，就骑马将他带到荒郊野岭，任其自生自灭。妻子无法，只好拜托娘家人暗地把儿子捡回来，藏在娘家抚养长大，并给他取名檀石槐。

据记载，檀石槐（137年—181年）年少时，其

汉·圆形桦树皮
扎赉诺尔鲜卑古墓群出土，现藏于内蒙古满洲里市扎赉诺尔博物馆。这种以桦树皮为原料加工生活器皿的做法，产生了一种独特的民族文化"桦树皮文化"，鲜卑人认为桦树有极强的再生性，生命力富有灵性，因而是通神之物，可以借此获得新生。此圆形桦树皮被专家们认定为当时桶的底部。

他部落的头领率众来犯，抢走不少牲畜。他知道后，拿着武器单人匹马追过去，将对方打得落花流水，赶着被抢走的牲畜返回，震惊了整个部落。自那以后，大家唯檀石槐马首是瞻，他评判是非，没有人敢质疑；他制订法律禁令，没有人敢违犯。后来，大家推举他为"大人"，也就是部族首领。

檀石槐在漠南高柳（今山西阳高）北300里之处的弹汗山（今河北张家口尚义县南）歠仇水（今名东洋涧）附近建立王庭，并组建了一支兵强马壮的部队。当时，鲜卑已经很久没有出现一个英明的领袖者，在与外界对抗时一次次落于下风，甚至到了快被亡族的地步。檀石槐的强大深深鼓舞了族人，东部和西部的鲜卑部族主动前来归顺。檀石槐趁机扩大兵力，向南侵略东汉边境，向北抵御丁零，向东击退扶余，向西进攻乌孙，占领了匈奴原先的全部地盘，包括今内蒙古、蒙古大部分、东北三省，以及河北、北京、山西、新疆的一部分，东西长14000多里，南北宽7000多里。

檀石槐把领地分为三部分：从右北平（今河北丰润东）以东至辽东，接夫余、濊貊二十余邑为东部；从右北平以西至上谷（郡治沮阳，在今河北怀来东南）十余邑为中部；从上谷以西至敦煌、乌孙20余邑为西部。三部各设置首领管理，直接向檀石槐上报各部情况。

接着，檀石槐开始招揽汉人，利用他们先进的技术和充足的物资制造农具发展生产，制造武器加强兵力，称霸于北方的大漠南北。他的野心越来越大，目光也随之转向了相邻的东汉帝国。

从频频扰汉到突然离世

永寿二年（156年），檀石槐率领三四千鲜卑骑兵进犯云中郡。可是，事情并非像他预料得那么美好，度辽将军李膺毫不留情地将侵略者击退，狠狠打击了鲜卑人。延熹元年（158年），贼心不死的鲜卑人又屡次进犯北边汉郡，中郎将张奂率领南单于出塞抗击，斩敌首200级。延熹二年（159年），鲜卑人再度侵犯雁门，杀死数百汉人，大肆抢掠一番才扬长而去。接下去的数年，鲜卑人几乎没有停止过侵犯汉境。延熹九年（166年）夏天，檀石槐分派数万骑兵侵入沿边九个郡，杀害掳掠官吏百姓。朝廷派张奂数次率兵驱逐，鲜卑人才悻悻然退出边塞。

鲜卑战士复原图

檀石槐一次次侵扰汉境，加之朝廷内乱投奔鲜卑的汉人也越来越多，东汉王朝处于内忧外患之中。汉灵帝担心局面不好控制，派出使者带着印绶，前去封檀石槐为王，并提出与他"和亲"。檀石槐不肯接受，更加猖狂地进犯边郡。

此时，东汉朝廷对于是否攻打鲜卑有了争议。议郎蔡邕认为鲜卑兵利马疾，作战时来如飞鸟，去如绝弦，比匈奴还可怕，而且汉军兵力不足，主动出击无疑以卵击石，倒不如以守为主，固本培元，诱敌而乱，一击而溃。辽东太守夏育自恃胜过鲜卑，狂妄地认为可以征集幽州诸郡的兵力出塞攻打，一冬二春，必能消灭鲜卑。

结果，汉灵帝采纳了以夏育为首的主战派的方案。熹平六年（177年）深秋，夏育出高柳，田晏出云中，匈奴中郎将臧旻率南檀石槐出雁门，统共发兵6万，分三路讨伐鲜卑。云中军主帅田晏原本是护羌校尉，因触犯刑法被夺官削职，于是努力巴结中常侍王甫，贿赂他帮助自己官复原职。王甫给他出了一个将功赎罪的主意，竭力在汉灵帝面前极力主张出兵，并推荐田晏为将。

一个主将只为自己加功封爵去出征，结果可想而知。檀石槐得知汉军出击，下令分三路拦击。一场激烈的对战迅速展开，汉军死伤十之七八，落得惨败。汉灵帝后悔莫及，想再用蔡邕的计策也失去了人心，遂将三位将领关进监狱，后来他们各被家人赎回，但已贬为庶人。

光和四年（181年），就在鲜卑人越来越令东汉君臣心惊胆战的时候，檀石槐突然去世。他一手创立的鲜卑大联盟失去强有力的领袖，不久便陷于土崩瓦解，东汉终于如释重负，眼前最大的危机暂时得到了缓解。

汉朝期间鲜卑两位首领对比

檀石槐	轲比能
部落首领投鹿侯之子，被推举为首领	小部落出身，被众人推举为首领
在弹汗山（今内蒙古大青山）建立王庭，向南掠夺东汉，向北抗拒丁零，向东击退扶余，向西进击乌孙，拒绝了东汉王朝的和亲与封赏	建安年间归附朝廷，曹操北征后向曹氏进贡表示效忠，魏文帝时受封附义王。因部落统一受到魏国干涉，强大后屡犯魏国边境，专擅漠南
将管辖地区分为三部，各设一首领统辖，联合鲜卑各部，组成军事大联盟	统一部落，称雄漠南，建立起强大的鲜卑族政权
对东汉时期的长城缘边要塞造成了很大的侵扰和威胁	积极学习汉族先进技术和文化，促进了鲜卑族的进步和北方的民族融合
45岁去世，其子和连继位，才干不足又贪婪，政权崩溃，鲜卑内部混战	被刺客杀死，其弟被立为王，鲜卑政权散落，鲜卑内部互斗

东汉·二龙衔环谷纹大玉璧

青玉质,出廓式玉璧,温润有光泽,面饰谷纹,上透雕两龙纹,做工精良,雍容典雅。谷纹象征五谷丰登,龙纹寓意子嗣兴盛,也用来表明身份高贵。玉璧在古时作为礼器的同时,也是诸侯王之间相互往来的重要信物和权力的象征。汉代厚葬之风盛行,此规制硕大的玉璧多用于随葬。

109年—183年

景承旨召玄，玄还檄不发，案之益急。昌坐槛车征，玄由是著名。

——《后汉书·李陈庞陈桥列传》

保境安民的桥玄

对外，驻守边境、清除外患；对内，刚正不阿、惩处权贵；于公，舍弃爱子、力击绑匪；于私，一身正气、两袖清风。在昏庸黑暗的东汉末年，桥玄的名字犹如一星灯火，微弱而倔强地绽放着希望之光。

人物性格
刚正不阿，清廉正直，谦虚勤俭

主要官职
太尉，太中大夫

主要功绩
保境安民，击破外族侵扰

逸事典故
百折不挠

执法严明，不畏权贵

桥玄（109年—183年），字公祖，梁国睢阳县（今河南省商丘市）人，祖上世代做官：七世祖桥仁是汉成帝时的大鸿胪，曾著《礼记章句》49篇，号称"桥君学"；祖父桥基曾任广陵太守；父亲桥肃曾任东莱太守。

桥玄年轻时做过本县功曹。当时，豫州刺史周景巡查到梁国，桥玄拜见周景，伏地详细列举陈相羊昌犯下的罪行，并毛遂自荐为陈国从事，深入调查羊昌的罪行。周景很欣赏桥玄的豪迈和胆识，同意了他的请求。桥玄上任后，逮捕羊昌门下所有宾客，详细核查他的罪行。

羊昌与执掌朝政的大将军梁冀交情很深，连忙向对方求救。梁冀立刻派人快马加鞭送去文书，命周景召回桥玄，停止查办。桥玄接到命令后，只将文书交还，自己却迟迟不肯动身，反而

桥玄像
桥玄（109年—183年），字公祖，东汉梁国睢阳（今河南商丘）人。性格刚强，不阿权贵，待人谦俭，尽管屡历高官，但不因为自己处在高位而有所私请。其人为官清廉，去世后连下葬的钱都没有，被时人称为名臣。《三国演义》里的"乔玄"实为"桥玄"，其二女大小乔分别嫁与孙策和周瑜。

抓紧时间核查羊昌。等到罪名落实，桥玄立刻动身，亲自押解羊昌的囚车进京，此事一时轰动了京城。

过了不久，桥玄被举荐为孝廉，任命为洛阳左尉。当时，担任河南尹的是梁冀的弟弟梁不疑，虽然这两兄弟的关系并不好，但桥玄处理羊昌事件时，损及的毕竟是梁家的面子，因此当他为公事拜见梁不疑时，遭到了不少怀疑与质问。桥玄认为自己受到侮辱，一气之下辞官回乡。

后来，桥玄又应诏为官，经四次升迁担任齐国相。后为凉州汉阳郡太守。桥玄执法严明，任人唯贤，不畏权势，不谋私利。汉阳郡隶属的上邽县（今甘肃天水市）的县令皇甫祯被人举报受贿，桥玄调查核实后，确定其贪赃罪名，判为鞭笞和髡刑。皇甫祯在行刑期间毙命，全郡上下为之震惊，再也没有人敢行贿、受贿。

不过，桥玄也有不可理喻的时候。上邽县有一位名叫姜歧的隐士，品德高尚，远近闻名。桥玄爱才，得知后欲招揽他为衙吏，对方推辞说需要侍奉病母，不能到官署任职。桥玄求才心切，派督邮尹益去逼迫姜歧任职，并下令说：“若姜歧不来任职，就将他母亲嫁与他人！”尹益认为不妥，极力谏诤，桥玄不肯听，姜歧于是卧床不起，坚决抗命。郡内的士大夫们纷纷前来谏说桥玄，此事才算罢休。因为这件事，桥玄受到人们讥讽，后来不得不称病免职回到家乡。

东汉·绿釉陶羊圈

陶屋属于两台式，左为厕所，右为充满泥水的羊圈，羊圈内有狗和嬉戏的母子。居室附设厕所并圈养禽畜，是当时居民重视积肥以求增产的反映。

姜歧像

据晋《高士传》载，东汉时，今甘肃天水有个叫姜歧的隐士，才学很高，汉阳太守桥玄几次邀他出山做官，他假装生病，始终不从。后来母亲病死了，便独自跑进深山，以养蜂牧猪为生。当地人见他养蜂取蜜，便纷纷向姜歧求教，养蜂取蜜成为一门农业技艺开始流传下来。

镇守边境，不允盗请

汉桓帝末年，桥玄被公车召为司徒长史，升任为将作大匠。当时，鲜卑、南匈奴、高句丽一同叛乱，在边境烧、杀、抢、掠无恶不作。四府都推举桥玄为度辽将军，汉桓帝特地赐给他只有帝王和帝王非常倚重之大臣才能行使的黄钺之权。桥玄最终不负众望，将敌军尽数击退，在他任职的3年期间，边境一直保持太平无事。

回到京城后，桥玄眼见朝廷外戚与宦官轮流专政，百姓民不聊生，官员碌碌无为，不由心生退意。可还没等他上书辞职，又被汉灵帝升任为尚书令。当时的太中大夫盖升在担任南阳太守时贪赃数亿，桥玄上书请汉灵帝罢免盖升，没收财产，严惩不贷。

汉灵帝因为盖升曾有恩于自己，不但没有罢免他，反而升其为侍中。桥玄气愤不已，请辞回乡，他被免除了尚书令，任为光禄大夫。光和元年（178年），汉灵帝又升桥玄为太尉。数月后，桥玄实在无心为官，于是托病罢官，拜为太中大夫，在家中养病。

一天，桥玄10岁的小儿子在门口玩，忽然冲过来3个手拿棍杖的壮汉，劫持了孩子并进入桥家索取财物。家丁赶紧禀告桥玄，桥玄大吃一惊，出来见小儿子被吓得浑身颤抖，顿时心如刀绞。壮汉威胁道："我只为财物，一手交钱，一手交人，否则别怪我无情无义！"桥玄气得脸色发白，坚决不受对方威胁。

这时，司隶校尉陈球、河南尹、洛阳令带兵赶来，将桥家团团包围，但怕劫持犯对孩子下毒手，迟迟不敢迫近。桥玄怒眼圆睁，高声道："如果我为了爱子，放纵不讲道义的奸人行恶，岂不是开了奸人的生财之路？"说完便

尼雅遗址
位于新疆维吾尔自治区民丰县以北塔克拉玛干沙漠中心，是汉代西域精绝国古城遗址。精绝国以农业为主，是丝绸之路的必经之地，商贾云集，繁华富庶。东汉后期被日益强大的鄯善国兼并，后受魏晋王朝的节制。

催促官兵进来,众官兵遂一拥而入。一场混战过后,虽然3个劫持犯被擒,但桥玄的小儿子也死了。

几天后,桥玄到朝廷谢罪并上书,恳请下令于天下:凡是有劫持人质的奸人,一律连人质同诛,不得以钱财赎人,使奸人猖狂!从那以后,果然很少发生劫持人质之事。

光和六年(183年),桥玄在洛阳去世。因其为官清廉,虽屡历高官,家人却连下葬的钱都没有。汉灵帝得知后感慨万分,立刻赐下钱物,以隆重的名臣之礼安葬了桥玄。

桥玄担任太尉的时候,当时尚且无名的曹操前去拜访。桥玄见到他,惊异地说:"如果将来天下大乱,能够安定天下的人肯定是你!"因此,曹操常常感慨桥玄是最了解自己的人,将其视为忘年交,还亲自为桥玄撰文祭祀。据说,桥玄生前有一次跟曹操开玩笑说:"我死后,如果你经过我的墓前,没有拿一斗酒一只鸡来祭奠,车马过后,你肚子疼的话可别怪我。"后来,曹操每次路过桥玄墓,都会恭敬地祭祀一番。

184年

角等知事已露，晨夜驰敕诸方，一时俱起，皆著黄巾为标帜，时人谓之"黄巾"，亦名为"蛾贼"。

——《后汉书·皇甫嵩传》

苍天已死，黄天当立

"苍天已死，黄天当立，岁在甲子，天下大吉。"——铿锵有力的口号喊出了人们心底压抑已久的愤怒。张氏三兄弟发起的黄巾大起义虽然最终被强行镇压下去，但进入末年的东汉王朝却再也难以执掌江山行使王权，整个国家陷入军阀割据、四分五裂之势。

时间
184年

名称
黄巾起义

参战方
黄巾军与东汉政府军

主要指挥官
黄巾军：张角、张宝、张梁；
东汉政府军：皇甫嵩、朱儁、卢植

结果
黄巾军败亡

失败原因
起义计划被叛徒出卖；
军事作战能力不敌东汉政府军；
将整个地主阶级列为敌对目标

历史意义
中国历史上第一次由宗教领导的农民起义，直接导致东汉末年形成军阀割据之势，进而演变成三足鼎立之局面

张角创立太平教

东汉末年，连年灾荒及兵乱导致粮食歉收，百姓无以为生，纷纷起来造反，全国各地频发起义。从汉安帝到汉灵帝80多年的时间里，史籍上记载的大小起义近百次，有些起义军领袖自称"黑帝""无上将军""皇帝"，还建年号，置百官。如在句章（浙江慈溪）举兵的会稽人许生，自称"阳明皇帝"，短短几天内起义军便壮大到1万多人。这支

张角像

张角（？—184年），巨鹿（今河北平乡西南）人。东汉末年太平道首领、黄巾之变领导人。相传他因得到道士于吉等人所传《太平清领书》（又称《太平经》），遂以宗教救世为己任，组织群众传道。中平元年（184年），张角以"苍天已死，黄天当立，岁在甲子，天下大吉"为口号，自称"天公将军"，率领群众发动起义，史称"黄巾起义"。不久张角病死，起义军也很快被汉朝所镇压。但他领导的这次起义直接影响到东汉的灭亡。

东汉

张角采药遇仙传法
明刊本《新刻汤学士校正古本按鉴演义全像通俗三国志传》。传说东汉末年,巨鹿人张角入山采药,遇一老仙人,并授予他《太平要术》。张角得书后,晓夜攻读,终有所成,自号"太平道人"。张角是东汉末年农民起义的领导者,他创建太平道,利用符水治病的方式秘密联络各地百姓,发起黄巾起义。

队伍攻破县城,杀死官吏,打败前来围剿的官兵,一时风头十足。当时,民间流行一首民谣:"小民发如韭,剪复生;头如鸡,割复鸣,吏不必可畏,民不必可轻。"诉出当时百姓不畏强权、勇于反抗、视死如归的战斗精神。

中平元年(184年),全国大旱,农民颗粒无收,赋税却没减,走投无路的贫苦农民在巨鹿(今河北平乡西南)人张角、张宝、张梁三兄弟的号令下,纷纷揭竿而起。他们头扎黄巾(象征黄天),高喊着"苍天已死,黄天当立,岁在甲子,天下大吉"的口号,向官僚地主发起猛烈攻击。

起义军首领张角(?—184年)是个读书人,早年信奉黄老学说,对流行的谶纬之学及民间医术、巫术都颇有研究。建宁年间,张角带着两个弟弟,在灾情严重的翼周一带给灾民治病。三兄弟先把药煎好,配成药水装在瓶子里,方便随时随地给病人治疗。治疗的时候,先让病人跪在坛前,由张角念一些咒语,然后给病人倒些药水服下。他们这样救活了很多人,名声越来越大,远近来求医的人,每天不下百人。

张角知道百姓都盼望能过上太平

东汉·绿釉陶羊圈
泥质红陶。圈呈圆形,一侧开方形门,圈内有五只羊,一个男童骑在一只大羊的身上。羊群通体施绿釉,釉色明润。整个羊圈形象写实逼真,是汉代绿釉陶明器中的珍品。现藏于英国维多利亚和阿尔伯特博物馆。

《胡笳十八拍》之第十六拍
明中期摹本。《胡笳十八拍》是一首中国古琴名曲，据传为蔡文姬作，一章为一拍，共十八章。讲的是汉末大乱，蔡文姬在逃难中被匈奴所掳，流落塞外后与左贤王结成夫妻，生了两个儿女。但她无时无刻不在思念故乡。12年后，曹操平定了中原，与匈奴修好，派使节用重金赎回文姬，于是她写下了著名长诗《胡笳十八拍》，叙述自己一生不幸的遭遇。

日子，遂自称"太平道人"。他以《太平经》做教义，创立了太平教，一边治病一边宣传太平教，百姓都尊其为"太平真人"，各地加入太平教的人越来越多。张角收了一些弟子，派他们周游全国，治病传道，发展徒众。

到了熹平年间，张角的太平教势力已遍布青、徐、幽、冀、荆、扬、兖、豫八州，拥有数十万徒众，有贫苦百姓，有手工业者，甚至有官吏和宦官。张角根据《太平经》中"众星亿亿，不若一日之明也；柱天群行之言，不若国一贤良也"，自称大贤良师，成为太平教的总首领，两个弟弟则自称大医，也在太平教担任首领。

张角将教徒划分为36方，"方"相当于军队称号，大方万余人，小方6000～7000人，每方统领称为"渠帅"。然后，他按照《太平经》中"顺五行"的思维方法，依照五行相生相克的理论，定于甲子年甲子日，即中平元年（184年）三月五日举行大起义。张角认为东汉王朝（苍天）大数已尽，作为"黄天"的代表，太平道应取而代之。中平元年（184年）春天，各方渠帅与徒众开始着手准备，在京城的城门及各州郡官府墙上用石灰书写"甲子"字样。渠帅马元义等人调集荆州、扬州的数万徒众集中到邺城（今河北磁县），同时多次前往京城与宦官中常侍徐奉等人联络，约定起义时由他们做内应。

五斗米道

"五斗米道"是早期道教的一个派别，由张陵于东汉顺帝年间在四川鹤鸣山创立。因入道者须交五斗米，故而得名"五斗米道"，也有另一说法是因为道徒崇拜五方星斗并信奉《五斗经》而得名。由于道徒们尊张陵为天师，遂又称作"天师道"。

波澜壮阔的黄巾军起义

正当张角等人如火如荼做准备的时候，距离预定起义日期的前10天，太平教信徒、马元义的助手唐周贪生怕死，向官府告发了起义计划。于是，朝廷在京城抓到马元义，先以高官厚禄诱降，后以酷刑逼供，马元义都没有屈服，最后被判车裂之刑。紧接着，朝廷开始诛杀太平教徒众千余人，并通知冀州捕捉张角等人。

张角得知计划泄露，当机立断通知36方提前起义。一时间，28郡先后爆发起义，因起义军以头戴黄巾为标志，所以称为"黄巾军"。张角依据《太平经》中"有天治、有地治、有人治，三气极，然后歧行万物治也"的理论，自诩为"天公将军"，其弟张宝自称"地公将军"，张梁自称"人公将军"。

黄巾起义军将抓获的贪官杀了祭天，百姓们拍手称赞，纷纷响应，有的加入其中，有的送粮送衣。起义军的队伍迅速扩大，由于人数众多被朝廷蔑称为"蚁军"。起义军攻克城郡后，杀死当地的贪官污吏，开粮放仓分给百姓。

当时，起义军主要有张角三兄弟领导的巨鹿分支，张曼成和赵弘等人领导的南阳分支，波才等人领导的颍川分支，彭脱等人领导的汝南、陈国分支，卜己领导的东郡分支，戴风领导的扬州分支、广阳分支……张角率领义军俘获了

东汉·四神温酒炉
全器由耳杯和炭炉组成。椭圆形耳杯下四壁雕镂四神像；长方形炉体，有曲柄，炉底有箅。四侏儒足，侏儒反手抬炉体。构思奇特，造型精巧。

安平（河北冀州区）王刘续、甘陵（山东临清）王刘忠；广阳起义军占据幽州，攻杀了幽州刺史郭勋、广阳太守刘卫。那些平日作威作福的官员早被吓破了胆，没等起义军打过来便逃之夭夭。

到了秋天，"五斗米道"的首领张修在巴郡（今四川重庆）发动起义，响应黄巾军起义。同年冬天，羌胡首领北宫伯玉与西凉土豪宋杨等人，联合羌、胡、汉各族在金城郡（今甘肃兰州西）起义，攻杀金城太守。各路起义军英勇奋战势如破竹，打得州郡失守，吏士逃亡，东汉朝廷大有灭亡之势。

东汉·陶马首
马在汉朝作为富有和权威的象征备受推崇，留下了很多永垂不朽的艺术形象。此马首立鬃向上，两眼突出，鼻孔翕张，嘴巴敞开，露出牙齿，颌骨肌肉粗大有力，配有璎珞挂铃和当卢。马首表情生动和夸张，凝固的陶艺却传递出了马在急速奔跑时的急促呼吸，使人联想到飞奔时的力量与速度。

平息黄巾之乱

汉灵帝任命国舅何进为大将军，负责保卫京城，同时派大臣卢植、皇甫嵩、朱儁各带兵马平定黄巾军。何进请汉灵帝下诏批准各州郡招兵买马，加固城防。于是，一些官员、地主、豪强趁此机会，疯狂扩大自己的地盘和势力。

为了防止士大夫与黄巾军合作，汉灵帝宣布赦免党人，解除党锢，重用有才之士。黄巾军虽然起义之初取得很大的胜利，却没有及时地集中力量，各分支缺乏相互联系与配合，于是逐渐变成了若干孤军，独自与各路朝廷军奋战。更失策的是，黄巾军除了攻打官府外，还攻击各地豪强、世家及富户，导致对方都成为反抗义军的力量，积极配合官府镇压黄巾军。

皇甫嵩与朱儁率领4万朝廷军，进攻波才率领的黄巾军颍川分支，没想到，波才的兵力很猛，先是打败朱儁，后又在长社（今河南长葛）包围皇甫嵩。然而，由于波才缺乏战斗经验，依草扎营，被皇甫嵩一把火烧掉军营，导致起义军战术失利。

接着皇甫嵩、朱儁联合曹操率领的援军，将波才逼到阳翟（河南禹县），大破黄巾军，使义军彻底丧失进攻洛阳的气势。朝廷军乘胜一鼓作气，东进大破汝南、陈国及东郡的黄巾军，

东汉·绿釉陶羊

陶羊呈立状，四足着地，双目为贴塑，炯炯有神，双角呈半环形，躯干浑圆。通体施绿釉。在汉代陪葬陶器中，猪、狗、牛、羊、鸡、鸭等家畜家禽十分常见，这在当时是财富的象征，因此为死者陪葬此类陶器。现藏于英国维多利亚和阿尔伯特博物馆。

卜己被俘，7000卜己起义军被杀。

东汉朝廷派卢植向北剿杀张角率领的起义军，虽然张角初战失利，不得不后退，但卢植围攻数月未胜，最后被撤职，改派董卓率领精兵进攻，结果又被张宝打败。汉灵帝只好派皇甫嵩进攻张角。这时，张角因劳累过度不幸病倒。张角去世后，黄巾军失去主心骨，皇甫嵩趁着黄巾军兵力松懈之时，在黎明时分突袭义军战营，斩杀张梁及3万多义军，焚烧车辎3万多辆，慌乱逃走时溺死在河堤的义军有5万多。张角则被破棺戮尸，其首级运到京城。接着，皇甫嵩与巨鹿太守郭典攻下曲阳（今河北晋州），成功斩杀张宝，俘虏10多万人，平息了黄巾之乱。

虽然黄巾起义被镇压下去，可东汉已经被地主豪强们闹得四分五裂，许多来自民间的英雄人物，如刘备、关羽、张飞，都因为帮助官府平定地方上的黄巾起义军而积累起最初的军事力量。东汉王朝名存实亡，渐渐形成魏、蜀、吴三国割据局面，直到建安二十五年（220年）亡于曹操建立的魏国。

东汉·抚琴石俑

1977年四川省峨眉山市双福乡出土,现藏于四川博物院。俑为立体圆雕,头戴圆帽,面部丰满,两眼圆睁,微昂首,面带微笑,右手抚弦,左手弹拨,怡然自得,似乎正沉浸在美妙的音乐之中。

188年—189年

中平五年八月，初置西园八校尉。

——《后汉书·孝灵帝纪》

西园八校尉

臣子权势倾天，皇帝将如何动作？汉灵帝的做法稍有迂回，即另置机构分解权力，这个新机构的主要成员就是西园八校尉。八校尉设立的时间不长，个中实力却不容小觑，因为乱世枭雄曹操和袁绍便隐匿其中。

存在时间
188年—189年

设立者
汉灵帝

设立地点
洛阳西园

设立目的
分解外戚大将军何进的兵权

瓦解原因
何进一度控制八校尉，他死后由袁绍接管。袁绍在与董卓的争斗中败北，并被迫出逃，八校尉随之瓦解

中平五年（188年），天下形势更加混乱，各地频发叛乱。东汉朝廷负责望气的命师认为洛阳会发生兵乱，导致两宫流血。汉灵帝为了分解外戚国舅大将军何进的兵权，在洛阳西园招募壮丁，设立了一个军事组织。该组织以小黄门蹇硕为上军校尉，虎贲中郎将袁绍为中军校尉，屯骑都尉鲍鸿为下军校尉，议郎曹操为典军校尉，赵融为助军左校尉，冯芳为助军右校尉，谏议大夫夏牟为左校尉，淳于琼为右校尉，诸校尉统于宦官蹇硕，统称为"西园八校尉"。当时，小黄门蹇硕的权势极大，总管各军，直接受命于汉灵帝，连何进也要听其号令。

蹇硕非常忌恨大将军何进，经常与诸常侍游说汉灵帝派何进西征。何进暗中获悉他们的阴谋，设计拖延行期，没让蹇硕得逞，双方的明争暗斗越来越激烈。

袁绍像

袁绍（？—202年），字本初，汝南汝阳（今河南商水西南）人。"西园八校尉"之一，出身于名门汝南袁氏，官至位极人臣的大将军，封邺侯。他姿仪弘雅、进止威严，少年入朝、深孚众望。曾任何进幕府首席谋臣，直接指挥清剿宦官势力；后与董卓对立，被推为关东联军首领。其一生多胜寡败，为政极得民心，并一举摧毁宦官专政，是汉末历史群雄中的杰出人物。

当时，汉灵帝的几个儿子相继死去，何皇后生下的儿子刘辩被送到道人史子眇家抚养，称为"史侯"；王美人生下的儿子刘协由董太后亲自抚养，称为"董侯"。众臣请求汉灵帝立太子。汉灵帝认为刘辩为人轻佻，没有君子威仪，想立刘协，又担心何氏一族的势力，故而一直犹豫不决。

中平六年（189年），汉灵帝病重，将刘协托付给蹇硕，希望他能在自己千秋万岁之后，扶助刘协继位。也许是知道自己将不久于人世，汉灵帝终于下定决心进行一场政变，除掉令己如鲠在喉的何进。他让蹇硕在自己的卧榻旁埋伏好刀斧手，然后宣何进入宫觐见。

何进不知有诈，没有丝毫防备就来了，刚要进去，见守在门口的司马潘隐暗中跟自己使眼色。原来，潘隐虽然是蹇硕的人，却也是何进的发小，二人情义颇深。何进晓得进去有危险，立刻转身出宫。他越想越觉得心惊肉跳，于是抄近道跑回自己的军营，率军进驻各郡国在京城的官邸，对外宣称养病，不再进宫，暗中则与手下讨论如何除去宦官。

何府正讨论得热火朝天，潘隐匆匆忙忙跑来告诉何进，汉灵帝驾崩，蹇硕和十常侍秘不发丧，打算假传皇命，将何进诓进去斩首，拥立刘协为皇帝。何进一听怒气冲天，果然，不久宫内来人称皇上召见大将军。何进索性一不做二不休，穿上战衣，率领5000御林军，气势汹汹进了宫。蹇硕一见大事不好，

何国舅谋诛宦竖
何进（？—189年），字遂高，南阳宛（今河南南阳）人。东汉灵帝时外戚，官至大将军。为张大威望，何进请灵帝在京师讲武结营，置西园禁军校尉。灵帝驾崩后，蹇硕谋诛进而立皇子刘协，未果，反被进诛。何进从袁绍之言，博征智谋之士为己所用，自此独揽大权。后与袁绍等谋诛宦竖，终因事情败露，被张让等先下手为强，遭杀身之祸。

想要逃跑已经来不及，当场被御林军乱刀砍死。

何进拥立刘辩继位，称为汉少帝，自己独揽大权，将八校尉的兵力也揽入麾下。后来，何进被宦官所杀，袁绍、袁术、曹操等人入宫杀尽宦官，结束宦戚相争的局面，八校尉由袁绍接管。可是，在袁绍与董卓的明争暗斗中，袁绍最终被迫与曹操等人出逃，西园八校尉至此瓦解。

> ? —189年

张角别党马元义谋起洛阳，进发其奸，以功封慎侯。

——《后汉书·窦何列传》

屠夫国舅

市井街头，不过是蓬头糙衣的一介屠夫；皇室朝廷，却变成权势倾天的威武将军。兄以妹贵，一朝军权在握，暗地里的杀气也在悄然逼近，朱瓦红墙之内，刀锋上的光芒倏然闪过。

身份

汉灵帝时的外戚、权臣、将领

主要官职

大将军

主要成就

破获马元义密谋；专擅朝政

最后结局

欲诛宦官，却被宦官设计斩杀

出身寒门，兄凭妹贵

何进（？—189年），字遂高，南阳宛县（今河南南阳）人。其父何真中年丧妻，娶寡妇舞阳君为妻，将继子朱苗改名为何苗。不久，夫妻二人又给何进添了两个同父异母的妹妹。父亲去世后，为了养活继母和弟妹，年轻的何进挑起家庭重担，拿起刀做了屠夫。

在何进的操劳下，何家的日子虽然过得清贫，但好在一家人比较和谐，两个妹妹更是出落得如花似玉，远近闻名。为了改变家族的命运，何进上下打点，拜托得势的宦官郭胜，将大妹妹送到皇帝身边。

何氏进宫后，没有辜负兄长期待，深得汉灵帝宠爱，并顺利诞下龙子刘辩，遂被立为皇后。随着何氏日益受宠，何进也跟着水涨船高，先被任命为郎中，后升为虎贲中郎将，出任颍川太守。光和三年（180年），何进征召入京，出任侍中、将作大匠、河南尹等要职。

何进像

何进（？—189年），字遂高，南阳宛（今河南南阳）人。东汉灵帝时外戚，官至大将军。刘辩被立为帝后，独揽大权，后与袁绍密谋诛宦竖事泄，被杀。

中平元年(184年)，张角率领黄巾军起义。朝廷任用何进为大将军，率领左右羽林五营驻扎在都亭，负责京师及整个河南尹的防备工作。这时，张角别党马元义阴谋起兵洛阳，消息被何进得知，他先下手为强，不但抓捕了马元义，还揪出埋伏在汉灵帝身边的同谋——中常侍封谞和徐奉。汉灵帝非常高兴，下令封赏何进为慎侯。

中平四年(187年)，荥阳县（今荥阳市）爆发一次小规模黄巾军叛乱，几千叛民攻打郡县，烧、杀、抢、掠，杀死中牟县长。何进的弟弟河南尹何苗带兵前去平叛，顺利击败叛民，平息暴乱。捷报传到京城，汉灵帝大喜，下诏派使者到成皋迎接，授命何苗为车骑将军，并封为济阳侯，何氏家族的地位再一次得到巩固。

次年，天下形式更加混乱，汉灵帝设置西园八校尉，架空了何进的军权。为了安抚何进，汉灵帝在准备亲征大阅兵时，让他作为军队统帅全程参与。西园军统帅宦官蹇硕想支开何进，遂向汉灵帝提议，派何进去辅助皇甫嵩征西。何进得知，赶紧向汉灵帝奏道："微臣非常想为皇上建功立业，但不能动用负责洛阳安全的北军，不如先派袁绍到徐州等地招募兵士，而后微臣可率新兵出征。"就这样，何进与蹇硕的明争暗斗渐渐走向白热化。

东汉·绿釉陶米碓
米碓置于长方形陶板之上，一端有方形碓窝，碓窝内放置着上方下圆的碓首，碓首连接碓杆，碓杆置于透雕栏杆式碓架之间。此器为泥质红陶，通体施绿釉，为仿制真实的米碓制作而成。现藏于美国弗利尔美术馆。

犹疑之间，兵进洛阳

中平六年（189年）四月，汉灵帝驾崩。蹇硕设计诛杀何进，立皇子刘协为帝，结果反被何进所杀，连西园军的军权都落入何氏手中。大功告成的何进拥立刘辩为帝，史称少帝。因皇帝年幼，何进独揽大权，他听从袁绍之言，广征天下智谋之士为己用，并安插到各个重要部门。

袁绍屡次催促何进剿灭宦官，并提议可征调外地军队到洛阳待命。主簿陈琳却认为没有必要征调外地军队，毕竟整个洛阳的军力全听命于大将军何进。曹操认为存在即道理，既然有宦官，必然有其合理性，只需"合法"诛杀有罪的宦官即可。然而，何进最终还是采纳袁绍的提议，派人去兖州和并州征兵，同时征召武猛校尉丁原、东郡太守桥瑁，以及屯驻在河东郡的并州牧董卓听候调遣。何进的谋士郑泰见其如此

赂，因此经常在何太后面前帮十常侍说好话，并污蔑何进说："大将军专杀左右，肯定是为了自己专权！"心有疑的何太后遂千方百计地庇护宦官，让何进更加无法决断。

袁绍见何进犹豫不决，催促道："我们要剿灭宦官的计划已经被对方有所觉察，如果再不实施计划，唯恐会发生变故，大将军为什么还不下令？"袁绍再三进言，何进依然没有行动。袁绍便利用自己司隶校尉的身份，与河南尹王允两人联手，开始查办宦官亲属违法乱纪的案件，并伪造公文，下令让各地州郡一起严查，同时写密信请董卓向洛阳进兵。

董卓接到密信，率军向洛阳进发。何进得知消息，没敢指责袁绍的自作主张，只是立即派使者种劭前往渑池设法阻止。董卓一路兵进至达洛阳城外。种劭以劳军的名义要求董卓撤军，董卓却让手下出言威胁，遭到了种劭的怒斥。董卓这才勉强后撤，驻扎在洛阳附近的夕阳亭。

宦官设计，斩杀国舅

何太后得知袁绍处置宦官的消息，赶紧将宫内宦官停职，让他们出宫回家，只留下何进信任的人。那些平日里嚣张跋扈的宦官，个个躲在家中。张让等人到何进府上拜访，请求放他们一条生路。何进劝他们趁早告老还乡，然而，张让已经看出何进控制不了袁绍，

废汉帝陈留践位
东汉末，董卓于嘉德殿会文武，废少帝刘辩为弘农王，立九岁的陈留王刘协为帝。李儒宣读策文之时，尚书丁管于阶下挥手中象简怒击董卓，遭斩。

短见，愤而辞职，临走前，对同为谋士的荀攸失望地说："何公未易辅也！"

何进告诉何太后与何苗，准备铲除所有宦官。何苗认为何氏一族靠宦官帮助才得到荣华富贵，不如与其保持和平共处，何进不由得有些犹豫。私下里，继母舞阳君和何苗经常接受宦官的贿

即使告老还乡也保不住自己性命,只能另想他法。于是,他向何进的小妹妹,自己的儿媳妇叩头哭诉,要求回宫侍奉何太后与皇上。舞阳君将张让的请求转告给何太后,何太后一时心软,下令让那些宦官又回到宫内。

中平六年(189年)八月,怒气冲冲的袁绍指责何进优柔寡断。何进无法,只好到长乐宫面见何太后,请她下诏铲除当权宦官。张让等人暗中偷听,将何进的话听得一清二楚,于是带领了几十个宦官,手执兵器设下埋伏。等何进刚出宫,就假传太后有诏,骗何进进了圈套。然后,众宦官一拥而上,将何进斩杀。

部将吴匡、张璋在外面听说何进被杀,想带兵入宫,然而宫门紧闭,无法进入。吴匡联合虎贲中郎将袁术,用刀斧砍门强攻。当时正值日暮,袁术便放火烧南宫九龙门及东西宫,想迫使张让等人出来。袁绍与何苗杀了樊陵、许相、赵忠等人。吴匡怨恨何苗不与何进同心,怀疑他与宦官同谋,便动员北军为何进报仇。士卒纷纷流泪起誓,愿以死相报大将军恩德!于是,吴匡率兵与董卓之弟奉车都尉董旻攻杀何苗,将其抛尸苑中。

攻进宫内以后,袁绍下令紧锁宫门,指挥兵吏大肆捕杀宦官,无论年纪职位,统统杀掉。顿时,宫中响起一片惨叫声。有的宫人因为没有胡须错被杀死,有的宫人吓得赶紧袒露身体才免遭误杀,这场屠杀统共夺去2000多人的性命。第二天,董卓趁势进京,废了少帝,追杀何太后,立斩舞阳君,何氏一族全被诛灭,汉室江山败乱不堪。

东汉·庖厨石刻像
汲水、烧灶、劈柴、切肉、切鱼、洗涤、搅拌、烤饼、烤肉串等各种操作忙而不乱,猪头、猪腿、鸟、兔、鱼等各种家畜野味挂架其中,线条清晰,繁而不乱,生活气息浓厚,为后人研究古代社会生活提供了资料。

> 约150年—约219年

君用思精而韵不高,后将为良医。

——《何颙别传》

医圣张仲景

为医时,治病救难,不计辛劳;为官时,坐堂问诊,清正廉洁。不管身份如何转换,悬壶济世的心愿却从未改变。这位医学大师生活于东汉末年,在一片喧嚣乱世中著成了名列中医四大经典著作之一的《伤寒杂病论》。

身份

东汉医学家

历史地位

中国医界尊其为"医圣";日本医界尊其为"先师"

代表作品

医学经典《伤寒杂病论》

逸事典故

吃饺子的习俗;
"坐堂"的来历

相关介绍

东汉末年有三位杰出医学家,即张仲景、董奉和华佗,史上合称"建安三神医"

张仲景像

张仲景(约150年—约219年),名机,字仲景,东汉南阳涅阳县(今河南省邓州市穰东镇张寨村)人。东汉末年著名医学家,被后人尊称为"医圣"。张仲景广泛收集医方,写出了传世巨著《伤寒杂病论》。他确立的辨证论治原则,是中医临床的基本原则,是中医的灵魂所在。

坐堂设诊的长沙太守

张仲景(约150年—约219年)是东汉著名的医学家,名机,字仲景,东汉南阳涅阳县(今河南省邓州市穰东镇张寨村)人。张家是一个没落的官僚家庭,父亲张宗汉是一位颇具才华的读书人,被推举在朝廷做官,因此儿子张仲景从小就能接触到各种典籍,尤其对史书上关于神医扁鹊的记载非常感兴趣。

此时正值东汉末年,朝政不安,兵祸绵延,农民起义此起彼伏,再加上疫病流行,很多人死于非命。汉桓帝延熹四年(161年),年少的张仲景拜同郡医生张伯祖为师,开始专心学习医术。

张伯祖是一位

非常有医德的名医，每次给病人诊病都十分细心，深思熟虑后才开药方，经他治疗的病人，十有八九俱能痊愈，因此深得百姓的爱戴。张伯祖对医学的态度深深地影响着徒弟，张仲景学医非常认真，无论是上山采药、炮制药物，还是上门问诊、抄方抓药，都做得一丝不苟。张伯祖非常欣赏这个少年，将毕生所学毫无保留地传了他。

同乡何颙曾当面赞赏张仲景："君用思精而韵不高，后将为良医。"意思是张仲景善思好学，专心稳重，虽不具备做官的气质，但将来必是一代名医。果然，张仲景青出于蓝而胜于蓝，他的医术渐渐超过了师父张伯祖，被百姓誉为"其识用精微过其师"。

据说有一天，张仲景遇到著名才子王仲宣。当时，王仲宣20多岁，张仲景看了看他的气色，叮嘱道："你现

《张仲景史画》之坐堂行医惠天涯
位于河南南阳医圣祠。张仲景为长沙太守时，择定每月初一和十五两天，大开衙门，不问政事，让有病的百姓进来，他端坐在大堂上挨个地仔细为群众诊治，为百姓解决了很多痛苦，后来人们就把坐在药铺里给人看病的医生，通称为"坐堂医生"，用来纪念张仲景。

◆ 饺子的来历 ◆

据传当年张仲景辞官回乡时正值隆冬季节，许多无家可归的百姓面黄肌瘦，衣不遮体，甚至连耳朵都冻烂了。于是张仲景便在冬至到除夕期间，搭起医棚，支起大锅，将羊肉和一些驱寒药材放在锅里熬煮，然后捞出切碎，用面皮包成耳朵形状的"娇耳"，煮熟后连汤分给饥民们医治冻疮，并将其称作"祛寒娇耳汤"。后来，人们都学着做"娇耳"在冬至、过年时食用，后来渐渐改称为"饺子"。

在身患疾病，到40岁时会落眉毛，落眉半年后就会死去，服用五石汤可免一死。"王仲宣嫌他言语直接，非常厌烦，拿了五石汤却没有服用。

过了几天，张仲景又见到王仲宣，问他："你服药了吗？"王仲宣谎答服了。张仲景说："从气色上看，你并没有服药，为何这样轻视自己的生命呢？"王仲宣不以为然。到了40岁的一天，他突然发现自己眉毛掉落，方才想

七言诗

人参远志忌蛇床，
薄荷淡竹官桂菖。
莫贪附翁金钱花，
荆芥蜂房恋红娘。
益智厚朴枳实好，
安神丹参枣仁姜。
避秽藿香正气丸，
辟邪冰片加雄黄。
解毒防风休续断，
理气芍陈广木香。
菟丝杏仁决明配，
贯众合欢神曲扬。
——东汉·张仲景

起当年张仲景的告诫。然而，一切都晚了，187天后，王仲宣病逝，跟张仲景当初预言的一模一样。

尽管张仲景不喜仕途，但当时举孝廉多为世家子弟，他不得不承袭家门，在汉灵帝时期被州郡举为孝廉，进入官场，担任长沙太守。在任职期间，张仲景仍然坚持用医术为百姓们解除病痛。当时，为官者不能随便进入民宅，张仲景就下令在每月的初一和十五大开衙门，自己端坐在大堂上，不问政事，公然为患者诊病。此举在当地引起轰动，百姓对其交口称赞。后来，人们为了纪念这位精通医术的太守，就把坐在药铺里给人看病的医生称作"坐堂先生"。

攻坚伤寒症

兴平二年（195年）以后，大规模的伤寒病再次在全国蔓延，成千上万的人被病魔吞噬，以致造成十室九空的大劫难。建安七子之一王粲在《七哀诗》中描述了当时的惨状："出门无所见，白骨蔽于野。路有饥女人，抱子弃草间。顾闻号泣声，挥涕独不还。驱马弃之去，不忍听此言。"

张仲景的家族本是大族，不到10年时间就因疫症病死了134人，其中90多人死于伤寒。面对瘟疫的肆虐以及人力的卑微，张仲景毅然辞去太守之职，返回故里钻研医学，立志攻破伤寒病，

张仲景著书图

现代画家程十发绘，描写了张仲景撰写《伤寒杂病论》著作的事迹。为了避乱，张仲景辞官来到岭南隐居，专心研究医学，撰写医书。到建安十五年（210年），终于写成了划时代的临床医学名著《伤寒杂病论》。

勤求古训
每逢张仲景坐堂问诊之日，衙门前便聚集了来自各方求医看病的群众。他望闻问切都十分认真，务必弄清病因，力求药到病除。

药到病除
东汉末，战乱不断，疫疠流行，族人及世人的大量死亡促使张仲景更加悉心研究医学，在阅读古籍的基础上，又结合个人的临症经验，编成了《伤寒杂病论》。

使百姓解脱疾病之苦。

返回故里后，张仲景博览群书，广采众方，结合自己多年诊治的经验，著成《伤寒杂病论》一书。在书中，他完整阐述了流行病和各种内科杂症从发生到发展过程中出现的各种症状，并根据病邪入侵经络、脏腑的深浅程度，再结合患者体质强弱、正气盛衰，以及病势进退缓急、有无宿疾等情况，分别加以综合分析，寻找发病规律，以便确定不同情况下的治疗原则。

此外，张仲景还在书中将外感热性病的所有症状归纳为六种症候群和八个辨证纲领，来分析疾病在发展过程中的演变和转归，辨别疾病的属性、病位、邪正消长和病态表现，为诊疗外感热病确立了纲领性的法则。随着时间的推移，《伤寒杂病论》的科学价值越来越被后人关注，它不但成为后世从医者必读的重要医籍，同时也备受国外医学界的推崇。

《张仲景史画》之民不聊生
位于河南南阳医圣祠，反映张仲景身处东汉战乱时期的背景。

> 公元1世纪左右

续字季则，七岁能通《论语》，十三明《尚书》，十六治《诗》，博观群籍，善《九章算术》。

——《后汉书·马援列传》

《九章算术》

这是世界最早叙述分数运算的著作，集战国、秦、两汉以来的数学成就之大成，标志着中国古代数学体系的形成，成为后世数学家的启蒙和必学之基。

作者
不可考

成书时间
公元1世纪左右

历史地位
中国第一部数学专著

内容特点
世界数学史上最早提到分数、负数、盈不足的问题

后世意义
《九章算术》是当时世界上最简练有效的应用数学，它的出现标志着中国古代数学形成了完整的体系

影响范围
日本、朝鲜印度、阿拉伯、欧洲

秦汉时期，中国出现一批最早的数学专著，最著名的有26卷的《许商算术》、16卷的《杜忠算术》《九章算术》等。如今，这些著作大多都已年久失传，唯有《九章算术》一直流传下来，它对历代数学的发展影响极大，是中国古代以算筹为计算工具的独有数学体系的代表。

秦朝建立后，长达5个多世纪的兼并与征战局面终于结束，民间呈现百废待兴之象。自秦到汉，统治阶级开始积极奖励耕织、兴修水利、重视冶炼、建筑长城。在生产的推动下，科学技术获得巨大的发展，数学方面出现了很多急需解决的测量和计算问题。比如：合理摊派税收需要进行各种按比例分配和摊派的计算；实行按田亩多寡即"履亩而税"的政策需要测量和计算各种形状的土地面积；各种工程需要计算物体的体积、人力、物力，商业贸易需要解决按比例核算的问题……于是，人们在实践中不断积累数学成果，逐渐形成独有的计算体系。《九章算术》便形成于这种历史条件下，它几乎总结了当时需要的所有数学知识。

《九章算术》宋本书影

《九章算术》共收集了246个数学例题，按解题方法和应用范围分为方田、粟米、衰分、少广、商功、均输、盈不足、方程、勾股9大类，每一大类为一章，因此称为"九章"。书中有数项世界之最，如在"方田章"中，最早系统地叙述了分数运算，介绍了分数的加、减、乘、除四则运算制，化带分数为假分数，以及求几个分母的最小公倍数的方法，欧洲人到15世纪才掌握这些法则；"勾股章"里提出的二次方程的筹算解法，是世界上求解二次方程的最早记录；"方程章"不但研究了一次方程组的解法，还最早提出正负数概念及其加减运算法则……

自《九章算术》问世，其后的数学著作不是仿本，就是为其作注，甚至当西方数学传入中国后，人们著书时

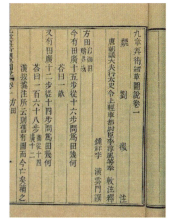

《九章算术细草图说》书影

清李潢撰，嘉庆二十五年（1820年）语鸿堂刻本，竹纸线装。《九章算术》是现存最早的中国古代数学著作之一，内容丰富，题材广泛，共9章，分为246题，202术，不但是汉代重要的数学著作，在中国和世界数学史上均占有重要的地位。

还经常将西算知识纳入九章的框架。魏景元四年（263年），数学家刘徽为《九章算术》作注，定义了若干数学概念，提出许多重要的数学思想、方法、命题，弥补了九章没有数学概念、推导、证明的不足。

唐宋时期，《九章算术》成为朝廷明令规定的教科书；北宋时期，朝廷还下令刊刻，使其成为时间最早的印刷本数学书。因《九章算术》极具实用性，书中的一些知识后来传至印度和阿拉伯，并经过这些地区再远传欧洲。

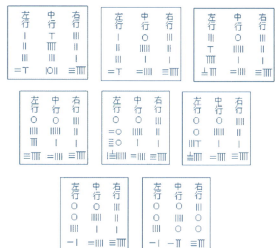

《九章算术》的筹算演算

筹算是中国古代的计算方法之一，是以筹为工具来记数、列式和进行各种数与式的演算的一种方法，约始于春秋。算筹数系是世界上唯一只用一个符号的方向和位置的组合，表示任何十进位数字或分数的系统。筹棍竖排一根棍表示1，至5类推，6～9则采用五进制，横放在上方一根棍表示5。大于9的数字，则用十进制表示，在个位数的位置左边放一个筹数，代表这个筹数的10倍，在十位数值左边放一个筹数，则代表这个筹数的100倍。为了避免邻位误读，个位用竖码，十位用横码，百位用竖码，千位用横码，以此类推。

东汉时期

其右属北军中侯。……有胡骑、虎贲校尉，皆武帝置。中兴省中垒，但置中侯，以监五营。

——《后汉书·百官志》

东汉时朝廷直辖军队

东汉时期，朝廷的直辖军队有较为完善的编制：负责宫内警卫的宫廷禁军、镇守宫门的宫城近卫军、守卫京畿地区的京师及畿辅驻军、驻扎在内郡和诸侯王国的郡国兵以及守御边境的边防兵。

编制分类
宫廷禁军、宫城近卫军、京师屯军、郡国兵、边防兵

主要职责
保护皇帝安全；
保证国家边境安定；
维护社会稳定

基本兵种
郎、卫士、材官

东汉·武士俑
包头巾，深衣，长靴。一手紧握武器（武器已经丢失），一手撩起衣摆，左腿微屈，右腿直蹬，目光坚毅，神情严肃，好像随时都准备出击应对敌人。此俑大部分彩绘色都已经脱落，但人物的神态和姿势却丝毫不受影响，为汉代彩绘俑中的精品。

禁军成员的称呼是"郎"，主要职责是宫廷护卫。他们轮流执兵器陈列于宫殿中，专门负责宫内警卫及君主出入的仪仗工作。禁军的人数不固定，禁军郎官分为"中郎""郎中""外郎"，分别负责禁中、宫中、宫外事宜。

"期门郎"和"羽林郎"两个职位是汉武帝时增加，其人员多来自西北边疆地带，大多是将士之后，精干骑射、勇猛善战。期门郎的人数也不固定，多则可达千人，他们执兵器陈列、警备于宫内。汉平帝在位时将其更名为"虎贲郎"。

"羽林郎"是皇帝车驾的贴身骑卫，最多时有700人。后来，朝廷将羽林郎中战死者的子孙统一收容、训练，称为"羽林孤儿"，成为禁军的一份子。禁军成员一律采用"世袭"制，即父亲战死，儿子继承为世袭兵。

"宫城近卫军"即"卫士"，是负责宫城内警卫任务的士兵，在宫城各门及附近营垒中屯驻并以此划分，"从昏至晨，分部夜行"是卫士的值勤准则。朝廷每年都会从各郡征调受过一年军事训练

汉·蹶张图拓片

蹶张士是步兵的配备军士，"能脚蹦强弩张之，故曰蹶张"，能双脚双手拉开强弩的力士称为蹶张士，其实是军队中的强弩手。古时战争武器以弓弩为主，因此材官（步兵）的训练以发矢张弩为主。

的"正卒"来补充卫士人数。东汉时期，卫士数量总数不超过2600人，主要负责宫城以内的警卫。

京师屯军的主要职责是维持京畿地区的治安，一般不外出作战。东汉时，专门负责京城警备的、由富家子弟组成的"缇骑"只有200人，出自寒家的"执戟"只有520人，远远不及西汉时期。军队有屯骑、越骑、步兵、长水、射声五个分营，其中长水营有1367人，其他四营各700人，均采用父死子继的"世袭兵"制度。

汉代时期，边疆诸郡都有劳役"更卒"负责警备地方治安，但不属于兵役。"郡国兵"是内郡兵与诸侯王国兵的总称，主要指按户籍从地方征发到郡国服兵役的"正卒"，即"材官""骑士""轻车""楼船"等兵种。郡国兵每年都在内郡各地进行一次征发，然后集中到本郡接受军事训练，战争时则服从中央的统一征调。

材官即步兵的统称，也是郡国兵的基本组成部分，有各种称谓，如力量大的"锐士"、善于射箭的"蹶张"等；骑士即骑兵，是仅次于材官的兵种，兵源多以三辅及西北边地为主；轻车是专门负责驾驭战车作战的兵种，与骑士并称为"车骑"。在作战地形复杂化之前，车兵一直是最重要的兵种，后因骑兵的出现逐渐退居到次要地位。楼船是水兵的称谓，有载兵作战和运载军需的能力，楼船士在江淮以南郡国十分普遍。

东汉时郡国的正卒制度被取消，只在战时允许有临时性征兵。东汉时只在某些军事要地设立常备军屯驻，这些郡国屯兵起初大多是招募而来的职业兵，后来逐渐变成世袭兵，对地方的依附关系大大加强。

边防兵就是长年驻扎在外郡边境的兵种，职责是戍卫边疆，发生战事时服从征调出战。

东汉·铜铩

古时一种有长刃的矛，冷兵器的一种，现藏于江苏徐州博物馆。

> **东汉时期**

后汉正旦,天子临德阳殿受朝贺。……以两大丝绳系两柱头,相去数丈。两倡女对舞,行于绳上,相逢切肩而不倾。

——《晋书·乐志》

流行的文娱活动

东汉时期,人们的文娱活动大致分成三类:一类是歌舞,当时颇为流行用歌舞的形式来表达喜怒哀乐;二是大放异彩的杂技表演,大大增加了生活的娱乐性;三是游戏活动,如斗鸡、蹴鞠等。

形式类别
歌舞、杂技、游戏

受众面
上至皇亲国戚,下到平民百姓

特点
以歌舞表达情绪;
以杂技传达热爱;
以游戏愉悦心情

繁复的歌舞

歌舞形式众多,其独特的意蕴、迥异的风格,是当时备受人们喜爱的主要原因,最为流行的要属盘鼓舞、袖舞、巾舞、假面舞、仙人舞、鞞舞等。

盘鼓舞,舞者先倒置在地上数目不等的盘子、小鼓等,然后在其间翩翩起舞,用脚点鼓作节奏来

东汉·画像砖建鼓舞拓片
建鼓舞是一种击鼓而舞的汉族舞蹈,汉代"百戏"的节目之一。其舞具为建鼓,建鼓又名"楹鼓",传始于商代。在此图中,两壮士分别于鼓的左右执桴击鼓,且鼓且舞。舞者举臂跃足,矫健奋发,欢欣鼓舞。建鼓由宗教礼仪、巫乐征战到世俗表演至建鼓舞的演变轨迹,充分体现了汉代健朗明快、欣欣向荣的时代风貌。

东汉·画像砖踏鼓巾舞拓片
巾舞流行的地区很广,时间很长,是汉代著名的杂舞,比较注重节奏,在汉画像石(砖)中常见。从画面上看,舞人所持的双巾有的等长,有的长短不一,舞姿热烈奔放。有乐队伴奏,以鼓为主,并有拊掌而歌者。

载歌载舞。盘子一般是木质,椭圆形,小鼓略高于盘子,直径30多厘米。布置道具时,一般要用1~2面小鼓,盘子3~7个,具体数目视表演者技艺高低而定,其中"七盘舞"最为流行。

"袖"原是献祭仪式舞蹈中手执的舞具"稻穗",后渐渐演化为"舞袖"。"褎"是古时"袖"字的写法,从中可以看出以"手"摘"禾","禾熟拔其穗"的动态。表演时,舞者通过挥动长袖起舞,舞姿妩媚婀娜,逍遥飘逸,华贵端庄。舞袖有的宽窄相同,有的是宽袖在大约手腕处延接出一段较窄的长袖,若想对其挥舞自如,对舞者的臂力和身体柔韧性有很高的要求,汉高祖刘邦钟爱的戚夫人便"善为翘袖折腰之舞"。

巾舞与袖舞有异曲同工之妙,舞者手持双巾有的等长,有的长短不一,在以鼓为主的伴奏下翩翩起舞,舞姿热烈奔放,还有拊掌而歌者。传说巾舞是根据鸿门宴里项伯舞袖保护刘邦而改编。因项伯当时对项庄说了一句"公莫!"人们便将其改编成巾舞,并纪念性地称为"公莫舞",直到晋代才改叫巾舞。

假面舞指舞者头戴雁雀怪兽假面具而舞。张衡在《西京赋》中曾描绘其风采:"戏豹舞黑,白虎鼓瑟,青龙吹螭篪。"仙人舞指舞者装扮成仙人载歌载舞。《西京赋》中曾描绘:"女娥坐而长歌,声清畅而蚴蛇;洪崖立而指挥,被毛羽之襳。"

鞞舞出自《巴渝舞》,是一种以伎者持鞞导引的舞蹈,"鞞"类似于后世的货郎鼓。鞞舞有《矛渝》《安弩渝》《安台》《行辞》四个舞典。表演时,由伎者在一旁摇鞞,舞者有的随节奏长袖起舞,有的一边随节奏踏鼓为节,一边旋舞翩翩。

东汉·抚琴俑

此乐伎面带微笑，身着三重衣，交领右衽，琴置双膝上，双手作抚琴状。琴，作为极具张力的弹弦乐器，是中国历代文人雅士所崇尚的传统乐器，至汉代更成为八音之首。此陶俑表现人物形神兼具、恰到好处，显示出古代艺人的高超技艺。

精彩的杂技

杂技又称为杂耍,起源于古代祭神、敬祖、敬王的一种表现形式。汉代是杂技表演得到空前发展的鼎盛时期,无论在街头,还是在权贵人家的戏台上,都能见其踪影,有角抵、履索、缘竿、叠案、冲狭、旋盘、扛鼎、转石、弄丸剑、手搏……可谓形式众多。

角抵源自古老的"角力",类似于现代的摔跤、相扑。秦汉时期,角抵活动非常盛行,但已经不再是争斗相搏的形式,而是变成带有表演形式的比赛活动,设有裁判,一般都在帷幕中进行。传说秦始皇统一六国后,怕民众起来造反,便收尽天下兵器,罢讲武,息兵事,让尚武的民风在角抵中得以宣泄,以保帝座永传后代。

拼力杂技除了角抵外,还有扛鼎、转石等,史书中往往以"力能扛鼎"来形容人的力气之大,如西楚霸王项羽。转石是一种力量与技巧相结合的娱乐杂技,甚至可以称为古代重量级的"多米诺骨牌"。表演者用力猛推串联成一线的若干个大滚石,滚石由于撞击力连锁滚动,有种惊雷乍起,山崩石裂之感。《西京赋》中曾描写道:"转石成雷,霹雳激而增响。"

履索即走绳,是一种非常危险的杂技表演。《晋书·乐志》中对此有记载:"以两大丝绳系两柱头,相去数丈。两倡女对舞,行于绳上,相逢切肩而不倾。"

同样充满惊险的杂技还有冲狭和弄丸剑。冲狭是先用草木编成草环,然后在环上向内插入刀、矛等锋利兵器,表演者从中穿过,身上未见丝毫伤痕。弄丸剑是用手抛接飞在空中的剑或者丸,往复不绝,也有飞丸兼飞剑者,丸、剑数目有多有少。据说当时的表演者"善跳丸,数乃至千"。此外,还有一种已经失传的"手搏",即徒手相搏,据说技艺高超的人,可以与手持武器的人相搏而不受伤。

缘竿类似现代的爬竿运动,表演时或在地上、或在车上、或在额上、或仰卧抬起双脚,支撑起一根竹竿,然后有1~3人在竹竿上表演各种险技。叠案

东汉·乐舞杂技画像石拓片
描绘了在鼓上飞剑跳丸的杂技艺人,表现了东汉时期一杂技艺人立在鼓上飞剑跳丸的场面。

东汉·乐舞百戏图

1971年出土于东汉晚期内蒙古和林格尔汉墓。画面中央绘有一建鼓,两侧各有一人执桴擂击。左边是乐队伴奏,弄丸表演者同时飞掷五个弹丸;飞剑者跳跃着将剑抛向空中;舞轮者立在踏鼓上将车轮抛动;倒提者在四重叠案上倒立;童技是最惊险的节目,一人仰卧地上,手擎樟木,樟头安横木,中间骑一人,横木两侧各一人,作反弓倒挂状。画面上部,一男子与一执飘带的女子正翩翩起舞。表演者都赤膊,束髻,肩臂绕红带,动作优美、矫健。在图的左上方观赏者,居中一人似为庄园主,正和宾客边饮酒边观看乐舞杂耍的表演。

是一种在桌、凳等物上表演倒立的杂技。随着逐渐累加的桌案,表演渐入高潮,最多可以累加12个桌案。围观者往往屏住呼吸,目不转睛地盯着表演者。

自从张骞开辟中西交通后,西方的魔术也传入中原。《史记·大宛列传》曾记载西方来访使者表演魔术"黎轩多奇幻,口中吹火,自缚自解"。《后汉书·西南夷传》也曾记载掸国献给中原的魔术师"能变化吐火,自肢解,易牛马头"。

丰富的游戏活动

汉代社会游戏活动层出不穷,可以分为竞技类、斗智类、角力类、赌博类、猎射类等,其中比较普遍的要属斗鸡和蹴鞠。

所谓斗鸡,就是两只公鸡相斗的游戏。在市井街头,常见这种争斗激烈的游戏。据史料记载,高祖刘邦的父亲特别喜欢斗鸡,当儿子登基称帝以后,他在宫中闷闷不乐。刘邦便把斗鸡和蹴鞠一起迁入宫里,老太公这才转忧为喜。这种游戏就流传了下来。

蹴鞠，其实就是踢球，所谓"鞠"，是一种"以皮为之，实以毛"的球，传说是黄帝发明了蹴鞠，到了秦汉时期，蹴鞠更为盛行，汉时甚至把蹴鞠归类为一项重要的军事训练活动。

博弈之"博"，是指六博。这种游戏的具体玩法今已失传，大致是两端各放六枚棋子，对坐两人分别手执黑棋和白棋，依据滚动骰子的字数来执行棋子的行进。到了东汉时期，六博的玩法生出新的变化，但依然是根据掷骰子来行棋。博弈之"弈"，是指围棋。相比于六博，弈有很大的不同，玩法规则基本和现代围棋方式大体相同，胜负多是由棋者自身的棋艺来决定。

在东汉的宫廷生活中，比较常见的游戏还有田池射猎、宫中行乐钱等，这二者均是在上自皇帝下至达官贵人之间流行的一种"贵族"活动。田池射猎主要包括"走犬""弋射""骋马""养花草鸟兽"四类。"走犬"是驱使猎犬追逐兔子之类的猎物；"弋射"是用弓弩等武器射飞鸟；"骋马"是人们骑马进行比赛；"养花草鸟兽"是指奇花异草和珍禽奇兽。

宫中行乐钱是一种酒令筹码钱，不能作为流通货币，只是专供王公贵族行乐所用的筹码。游戏时，参加宴饮者每人各执纪数酒令钱一枚，监酒则将对应的酒筹钱放入筹筒，轻轻摇动后取出一枚，再根据上面的纪数报之，持者需罚酒、吟唱、赋诗等。

此外，其他文娱活动还包括宴客类、巡游类、益智类、技巧类等。这些休闲活动固然反映出达官权贵的骄奢淫靡，但也多方面展现出市井平民的多彩娱乐。

东汉·斗鸡拓片
河南南阳出土的一块汉画像砖，描绘了斗鸡和斗鸡人的形象。画面上，两侧各站一位斗鸡人，都戴着高冠，穿着长衣，两手前举，似在吆喝助威；中间是两只雄鸡，长颈长脚，突胸长尾，展翅昂首，正在交颈而啄斗。这些中国最早的斗鸡图，造型古朴，形象逼真，可以说是当时斗鸡习俗的真实写照。

古诗十九首

《古诗十九首》是东汉晚期的一组五言古诗,最早见于南朝梁萧统的《文选》(《昭明文选》),他从传世无名氏《古诗》中选录十九首编入而名。《古诗十九首》是乐府古诗文人化的显著标志,内容反映了当时文人在汉末社会思想大转变时期政治上、生活上的心灵之声,那种追求的幻灭与沉沦,心灵的觉醒与痛苦至今读来,仍旧令人震撼。

这组诗语言朴素自然,描写生动真切,具有浑然天成的艺术风格。有反映游子离别愁绪、相思情切的作品,如《行行重行行》《青青河畔草》《迢迢牵牛星》等,有抒发政治上怀才不遇、失意忧伤的悲歌,如《青青陵上柏》《西北有高楼》等,还有对生与死的深思,如《去者日以疏》《驱车上东门》等。

行行重行行

行行重行行,与君生别离。相去万余里,各在天一涯。
道路阻且长,会面安可知?胡马依北风,越鸟巢南枝。
相去日已远,衣带日已缓。浮云蔽白日,游子不顾返。
思君令人老,岁月忽已晚。弃捐勿复道,努力加餐饭。

青青陵上柏

青青陵上柏，磊磊涧中石。
人生天地间，忽如远行客。
斗酒相娱乐，聊厚不为薄。
驱车策驽马，游戏宛与洛。
洛中何郁郁，冠带自相索。
长衢罗夹巷，王侯多第宅。
两宫遥相望，双阙百馀尺。
极宴娱心意，戚戚何所迫？

驱车上东门

驱车上东门，遥望郭北墓。
白杨何萧萧，松柏夹广路。
下有陈死人，杳杳即长暮。
潜寐黄泉下，千载永不寤。
浩浩阴阳移，年命如朝露。
人生忽如寄，寿无金石固。
万岁更相迭，圣贤莫能度。
服食求神仙，多为药所误。
不如饮美酒，被服纨与素。

西北有高楼

西北有高楼，上与浮云齐。
交疏结绮窗，阿阁三重阶。
上有弦歌声，音响一何悲！
谁能为此曲？无乃杞梁妻。
清商随风发，中曲正徘徊。
一弹再三叹，慷慨有余哀。
不惜歌者苦，但伤知音稀。
愿为双鸿鹄，奋翅起高飞。

迢迢牵牛星

迢迢牵牛星，皎皎河汉女。
纤纤擢素手，札札弄机杼。
终日不成章，泣涕零如雨。
河汉清且浅，相去复几许？
盈盈一水间，脉脉不得语。

东城高且长

东城高且长，逶迤自相属。
回风动地起，秋草萋已绿。
四时更变化，岁暮一何速！
晨风怀苦心，蟋蟀伤局促。
荡涤放情志，何为自结束？
燕赵多佳人，美者颜如玉。
被服罗裳衣，当户理清曲。
音响一何悲！弦急知柱促。
驰情整中带，沉吟聊踯躅。
思为双飞燕，衔泥巢君屋。

去者日以疏

去者日以疏，来者日以亲。
出郭门直视，但见丘与坟。
古墓犁为田，松柏摧为薪。
白杨多悲风，萧萧愁杀人。
思还故里闾，欲归道无因。

客从远方来

客从远方来，遗我一端绮。
相去万余里，故人心尚尔。
文彩双鸳鸯，裁为合欢被。
著以长相思，缘以结不解。
以胶投漆中，谁能别离此。

生年不满百

生年不满百,常怀千岁忧。
昼短苦夜长,何不秉烛游!
为乐当及时,何能待来兹?
愚者爱惜费,但为后世嗤。
仙人王子乔,难可与等期。

明月皎夜光

明月皎夜光,促织鸣东壁。
玉衡指孟冬,众星何历历。
白露沾野草,时节忽复易。
秋蝉鸣树间,玄鸟逝安适?
昔我同门友,高举振六翮。
不念携手好,弃我如遗迹。
南箕北有斗,牵牛不负轭。
良无盘石固,虚名复何益!

回车驾言迈

回车驾言迈,悠悠涉长道。
四顾何茫茫,东风摇百草。
所遇无故物,焉得不速老。
盛衰各有时,立身苦不早。
人生非金石,岂能长寿考?
奄忽随物化,荣名以为宝。

地宫丽城：东汉时的边城与市井生活

城市图，就是描绘城市选址特征、形态布局和结构功能的地图。汉至唐，是中国古代地方城市图的萌芽阶段，大都采用平、立面相结合的绘制方法，刻意放大宫殿、衙署等权力机构，着重用来表达权力秩序或突显地方官员政绩。按所表现对象的不同，中国古代的城市图可分为"都城图"和各级地方政区治所"城池图"两类。

1971年，内蒙古自治区和林格尔县新店子发掘出土了东汉晚期护乌桓校尉的大型墓葬，其墓室壁画中发现有五幅城池图：《宁城图》《繁阳城图》《土军城图》《离石城图》《武成县图》，表现了东汉时北方边城的城市形制与城市内的生活场景。而1965年在四川成都市郊东汉墓出土的《新繁画像砖市井图》画像砖，描绘了东汉时成都城市的市井面貌。

《宁城图》

《宁城图》是墓葬中最大的一幅城市图，上南下北，左东右西，表现了东汉晚期护乌桓校尉幕府治所宁城（今河北张家口市南）的城市形态和生活场景。图中所绘宁城约呈正方形，由内外两重城组成，四周为外郭城的城垣，城墙上有雉堞和城门。内城是护乌桓校尉衙署所在，比例夸大，占据了全图的大部分空间。大城东北，是全城交易之所，是宁城与四方商贾贸易的胡市所在。从图中，还可以看出宁城的宴乐、朝拜、交易场景，表现了汉族和胡人各阶层的人物服饰。

《宁城图》原图

《宁城图》摹绘本

《繁阳城图》

《繁阳城图》描绘的是繁阳县（今河南内黄县西北）的城池图，是墓主人担任繁阳县令时的县城和衙署图。图上南下北，左东右西，县城为长方形，也分内外两重。外城绘有城垣、雉堞、城门、门楼、门亭等城防建筑，内城位于大城西北，是县衙所在，不但绘出了衙内的建筑，还表现了城内男女人物与生活场景。

《繁阳城图》原图

《繁阳城图》摹绘本

《新繁画像砖市井图》

此图是一幅专门描绘新繁县市场的局部城市图，上北下南，左东右西，图中的市场呈正方形，左、右、上有三个市门，南面无墙无门，市道呈十字形布局，称之为"隧"，有四个交易区。中央有一座五脊重檐的市楼，管理市井的官署就在里面。市楼上有一鼓，以击鼓为号，宣告着市场的开放和关闭。每个交易区内有长廊式的"列肆"（店铺），推车卖货、论价交易，各色人物行为各异，忙而有序。客栈和驿馆位于图的北端。

《新繁画像砖市井图》画像砖　　　　《新繁画像砖市井图》拓片

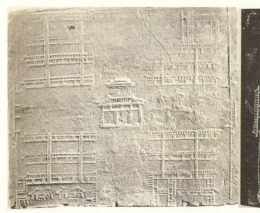
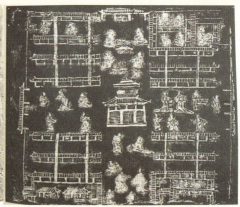

25年—220年

- **105年** / 蔡伦改进造纸术。
- **132年** / 张衡发明能够测出地震的候风地动仪。
- **178年** / 最早的文学艺术大学鸿都门学创立。
- **184年** / 张角、张宝、张梁三兄弟发动黄巾起义;凉州羌人揭竿反叛。
- **189年** / 汉灵帝死,刘辩即位,是为少帝;十常侍杀何进,袁绍、曹操杀十常侍;董卓进京专权;董卓废少帝,立陈留王刘协为汉献帝。
- **196年** / 曹操挟天子以令诸侯,汉献帝迁都许县。
- **200年** / 曹操破袁绍于官渡,是为官渡之战。
- **208年** / 孙权、刘备联军破曹军于赤壁,是为赤壁之战。
- **220年** / 曹丕篡汉,废汉献帝为山阳公,东汉灭亡。

- **132年** / 第二次犹太战争爆发
- **166年** / 大秦王安敦派使臣来到中国
- **212年** / 古罗马《卡拉卡拉敕令》发布

中外大事年表对比

- 25年 / 刘秀称帝,建立东汉,定都洛阳,开创光武中兴。
- 48年 / 匈奴分裂为南北二部。
- 64年 / 罗马城发生火灾,十四个区有三个被完全烧毁,七个部分区域受到影响
- 66年 / 第一次犹太战争爆发
- 68年 / 天竺僧人来到洛阳,建立白马寺,佛教传入东亚。
- 73年 / 班超出使西域。
- 79年 / 维苏威火山爆发,庞贝等城被毁
- 86年 / 王充撰写的奇书《论衡》问世。
- 100年 / 希腊尼寇马著成《算术引论》,此后算术开始成为独立学科
- 101年 / 达西亚战争爆发,古罗马征服达西亚

少年中国史
Chinese History for Teenagers

创作团队

【项目策划】 尚青云简

【文稿提供】 姜子钒

【图片支持】 Fotoe.com　Wikipedia　郝勤建　秋若云　堂潜龙